你總是太容易放過自己

馬一帥——著

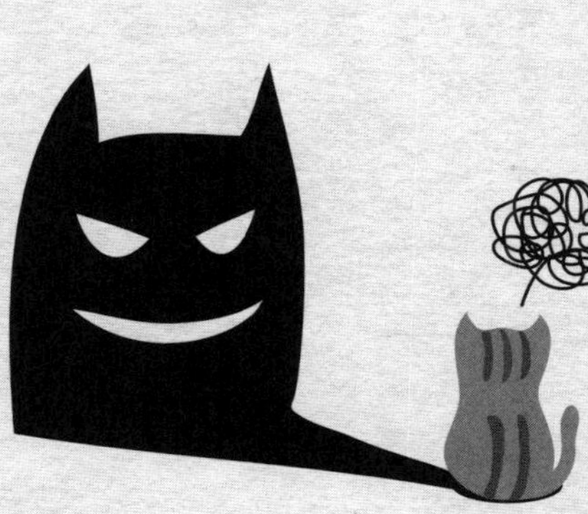

目錄

contents

你總是太容易放過自己

目錄

contents

目錄
contents

前言

請不要那麼容易放過自己

1

蔡康永說：「十五歲覺得游泳難，放棄游泳，到十八歲遇到一個你喜歡的人約你去游泳，你只好說：『我不會耶。』十八歲覺得英文難，放棄英文，廿八歲出現一個很棒但要會英文的工作，你只好說：『我不會耶。』人生前期越嫌麻煩，越懶得學，後來就越可能錯過讓你動心的人和事，錯過新風景。」

年輕的時候，總以爲來日方長，現在偷個懶也沒什麼，捨不得讓自己受苦。不願意多花工夫讓工作盡善盡美，喜歡煲電視劇；早起跑步太難，總想睡個懶覺；看書枯燥無味，耐不住這份寂寞，還不如打兩盤遊戲來得爽快……

每次做選擇的時候，還以爲只是個稀鬆平常的日子，殊不知，自己正站在命運的三岔口上。

2

有時候我們很「聰明」，看起來每次都能讓自己化險爲夷，卻也等於讓自己避開了那些突破自我的機會。我們看起來選擇很多，實際上卻只能維持自己低水準的生活，等待面臨沒得選的那一天。

短期內是舒服了，長期必然害了自己。

貿易通常是將本國和他國的優勢產品進行互換，最終達成互惠互利；就貿易雙方的利益來講，得到貿易順差的一方是佔便宜的一方。假如，你把青春看作是和老闆、和客戶、和自己的人生感受進行的一場貿易，你的年輕、朝氣、耐力、不老於世故，就都將爲你帶來效益——更高的薪水，更廣的社交，更快樂的心境。

可這不是你的絕對優勢，僅僅是相對優勢。相對，就意味著存在被轉換的危機——花無百日紅！

青春容易使人麻痹、大意，它令我們覺得後面還有大把時間，因此經常不會珍惜眼前擁有的，或許還幻想著不勞而獲，於是成了希臘神話裡的美少年納西索斯，愛上自己在水中的倒影，終日在水邊徘徊，最後溺死在水裡，化作水仙花。「愛上別人，卻不能以被愛作爲回報」。這是眾神對納西索斯的懲罰。

其實這是一個觀念的問題，都是由於我們無法正確地看待人生，沒有把青春看作是生命的一個正常階段，相反卻給它貼上了「特權」的標籤，以爲在這個階段就可以爲所欲爲，無往不勝；或者是制定了名目繁多的日程表，卻不督促自己按時執行。

放過自己很容易，讓生活放過你卻很難。

3

商場營業員說：「年輕人比百萬富翁更敢於花錢。」我們面不改色地把薄薄一疊鈔票花得精光。那是因爲，站在我們身後的，是無比強大的青春年華。

喜歡漂亮的衣服、豪華的洋房、美貌、財富、旁人豔羡的目光和一切勝出者的喜悅……有什麼不對？它不過是一種生命的原動力，驅使我們向更美好、更燦爛的生活前進。

所以，我們要做的不應該是壓抑和抹殺這種本能的願望，而是應該認真傾聽內心的聲音，知道自己想要過什麼樣的生活。

知道了，然後努力去爭取，靠自己的能力，而非假借別人之手——依傍父母或出賣青春——去得到自己想要的生活。

我們都是這樣長大的，而且，請相信我們的父母長輩都有過這樣的時光。

寫這本書，是因爲很想對大家說，**有些事，年輕的時候不懂得，當懂得的時候，已不再年輕；有些事，有機會的時候沒去做，而當想做的時候，已沒有機會。**

趁著你還年輕，**請不要那麼容易，就放過自己！**

第一章

四十歲之前
你沒資格談什麼歲月靜好

一個成熟的智者，從來不會建議你在可以嘗試的時候，去選擇安全；越是成熟的智者，越是明白，年輕是怎麼一回事，年輕就是：試錯，戰勝，再試錯。因為，他自己也是這樣做的。

1 不去追求，就只能失去

當一個人滿足於現狀，他便失去了追逐美好未來的動力。世界就是如此，你不去追求，就只能失去，因爲，世界永遠在變化。

在大山腳下，住著一群平凡的人。這裡土壤貧瘠，交通不便，人們少與外界來往。他們祖祖輩輩如此，子子孫孫依舊，早已適應了這樣的生活。

可是，有一天，他們之中有一個年輕人說：「我要走出這裡，想到遠方的世界去。這裡已不再適合我，我要到一個更加富饒的地方，成就我人生應有的輝煌與偉大。」

此話一出，一傳十，十傳百，這座山裡的所有人都聽説了年輕人的志向。他們將這個年輕人包圍，開始了一番苦口婆心的勸説。

一個中年人說：「山外的世界是什麼？誰也不知道。一切都是未知的，未知便意味著存在危險，你可要三思而後行呀。」

一個老年人説：「你要遠行去尋找輝煌，這本是好事，但也不要太過於執著，以至於執迷不悟。畢竟當你一意孤行的時候，便是自取滅亡。」

這時，他們之中走出了一個哲學家。哲學家並沒有長篇大論，他對這個年輕人説：「記住，做人要知足常樂，不要這山望著那山高，還是安於眼下的生活吧，唯有這裡，才是我們生存的根基。」

但年輕人去意已決，即使眾人竭力挽留，也無濟於事。最終，他還是出發了，離開了大山，向著遠方走去。

雖然有太多的艱辛，也有太多的失落和困惑，但不論現實多麼讓人沮喪，這個年輕人都不曾想過回到曾經出發的地方。最終，這個年輕人走進了富饒的世界，那裡繁華多姿、精彩紛呈，那裡正是每個人夢想的天堂——他的目標實現了。

永遠不要限制自己，認爲自己做不到的事情就不去做。那些最終成就事業的人，他們從不會自我設限，而是敢於打破外界的重重阻撓，向著更好的人生邁步，向著更輝煌的事業進軍。

2 活著不僅僅是為了生存

我們時常自問：「人應該怎麼樣活著？是默默無聞，還是一鳴驚人？」對此，我們也在尋找答案。我們看到李白、杜甫等因爲詩詞而存活在世人的心中，歌德、雨果等因爲著作而存活在世人的心中，畢卡索因爲畫作，莎士比亞因爲戲劇，愛迪生因爲發明，愛因斯坦因爲研究，都永遠存活在世人的心中。

多少世紀以前，有人提出了這樣一個問題：什麼叫作生存？經過世世代代的思考、探索與推敲，經過智慧者的實踐、應用與認證，眾人最終得出了這麼一個答案：活著，不論用什麼方式活著，不論活得怎麼樣，只要活著，就是生存！

多少世紀以後，人們還是信奉著這麼一個答案，並把它當成了真理。但問題是，他們之中，大多數人清貧地活著，困苦地活著，掙扎地活著，頹廢地活著，失敗地活著。

這時，有一個少年站出來說：「難道，我們生存僅僅是為了活著嗎？那與豬狗又有什麼區別？那與草木又有什麼差異？」

這樣的疑問一出，引起了眾怒。

眾人中走出一位老者，上前給了少年兩巴掌，並號召眾人，將這個狂妄的少年囚禁起來，讓他知道：活著，就是生存！

就這樣被囚禁了，少年變成了青年，青年變成了中年人，中年人變成了老年人，直到他臨終之時，還是說了那一句話：生存，不僅僅是為了活著，還要讓自己升值！

時過境遷，世界已發生了一系列的變化：

在陸地上，有了馬車，有了自行車，有了汽車，有了火車，有了磁懸浮列車……在海洋裡，有了舟楫，有了輪船，有了汽船，有了艦艇，有了潛水艇……在天空中，有了熱氣球，有了飛機，有了火箭，有了衛星，有了太空船……在人世間，有了工業，有了發明，有了電話，有了網路，有了更多的高科技……

這時，人們不禁又開始發問：什麼叫作生存？

最終，人們在曾經囚禁少年的地方發現了答案，它也成了新時代的最佳答案。這句話被那個少年刻在了石壁上：就價值而言，你可以是零，也可以是無窮，關鍵是你如何看待自己，並如何發展。因爲，人不是僅僅追求生存的動物，還擁有夢想。**人生存的最低極限是：活著，只要不死就可以了；人生存的最高極限是：讓世界知道你曾經存在過。**

3 問世間，誰是強者？

人生就是一場對決，一味地選擇防守，並不能贏得勝利，因爲勝利只屬於勇於進攻的人。

甲與乙各自拜師學藝，甲拜一隱者為師，乙拜一勇者為師，二人決定，十年後再一決高下。

人們給了他們一人一塊同品質的玄鐵，以讓他們決戰使用。

隱者教育甲說：「當忍則忍，得耐且耐，不忍不耐，小事成大。」並傳授給了他一個修行的秘訣，叫作：「千磨萬擊還堅勁，任爾東西南北風。」

甲謹遵師命，凡事忍耐與謙讓。久而久之，甲將玄鐵製成了一件鎧甲，將全身都包裹起來，果然刀槍不入。

勇者則教育乙説：「臥薪嚐膽，破釜沉舟，勇者無懼，攻無不克。」並傳授給了他一個進取的秘訣，叫作：「最好的防守，正是主動的進攻。」

久而久之，乙將玄鐵製成了長矛，終日裡勤加練習，一支長矛使得龍飛鳳舞、虎虎生威。

十年之期，轉瞬而至——

甲説：「我渾身是鐵，刀槍不入。」

乙説：「我一支長矛，劃破長空。」

甲如盾，乙如矛。

甲説：「來吧，看看是你的矛尖鋭，還是我的鎧甲堅實。」

乙一躍而上，朝甲猛刺了幾下，發現果然刀槍不入。但是，只要功夫深，鐵杵磨成針，乙不再亂戳亂刺，而是單單向著一處地方刺去，這正是甲的要害部位，幾下、幾十下、幾百下……終於，鎧甲被刺穿了。甲不得不服輸。

乙說：「真正的強者，不會打造一身鐵甲，以求刀槍不入，高枕無憂，而是會打造一支長矛，去劃破長空，挑戰世界。阻止別人進攻的最高手段，不是一味地防禦，而是去進攻，讓別人無暇進攻自己。」

甲聽了，歎道：「枉我渾身是鐵，原以為天衣無縫，可憐只是春蠶作繭自纏身。」

最終，經過人們的一致評判，乙為最終的強者。

有的人說：「如果在三十年前，我用所有的積蓄買某種股票，那麼，現在我至少也是一個百萬富翁了。」有的人說：「如果在二十年前，我用所有的積蓄買土地，建成房屋租賃，那麼，現在我每月至少有上萬元的收入。」有的人說：「如果在十年前，我把所有的積蓄投入到某一個行業中，那麼，現在我至少也是一個千萬富翁了。」但人生就是如此，當你身在其中的時候，可能無所察覺，當你在遠處觀望的時候，卻是追悔莫及。

有的人笨鳥先飛，有的人後來居上，有的人大器晚成，但也有不少人錯過了自己騰飛的季節。其實，機遇永遠不會偏向誰，成功也不會先對誰示好，只不過是人沒有把握住機遇，遠離了成功。

當然，勇於進攻並不意味著盲目擴張，正如李嘉誠所說：「擴張中不忘謹慎，謹慎中不忘擴張。我求的是在穩健與進取中取得平衡。船要行得快，但面對風浪一定要頂得住。」

4 可以不成功，不能不成長

歌德曾說過：「每個人都想成功，但沒想到成長。」

在生活中，很多人都是如此，他們過於看重成功的榮耀，卻忽略了成長的力量。

事實上，很多東西都在變化之中，連引導和評判成功的主流價值觀都會讓人無所適從、難以把握。但是成長卻牢牢地握在自己手中，那是我們對自己的承諾。可能有人會阻礙我們成功，卻沒有人能阻止我們成長。換句話說：很多時候我們可以不成功，卻不能不成長，因爲成長永遠比成功重要。

人的一生，從少年到青年，從青年到中年，而後步入老年，在每一段人生歷程中，人都可能努力了、拚搏了，卻未能獲得成功，這是一個不爭的事實。因此，壓力、煩惱、灰心、不滿甚至絕望在很多人身上流露出來，一句流行語「痛並快樂著」道出了眾人的無奈。

很多人會感到無奈和痛苦，都是因為過於看重成功，所以他們總是在生活中不斷產生挫敗感。其實人應該學會「縱比」，讓自己每一天都有所成長，都比過去進步：這樣就很好了！

成功不是衡量人生價值的最高標準，比成功更重要的是：一個人要有豐富的內涵，有自己的愛好和追求。

只要你有自己真正喜歡做的事，你就在任何情況下都會感到充實和踏實。那些僅僅追求外在成功的人實際上常沒有自己真正喜歡做的事，他們真正喜歡的只是名利，一旦在名利場上受挫，內在的空虛就暴露無遺。把自己真正喜歡做的事做好，儘量做得完美，讓自己滿意，這才是成功的真諦；而如此感受到的喜悅，才是不摻雜功利心的純粹的喜悅。

有一位雜技大師，他的拿手絕活是走鋼絲。在一生中他表演了無數次都沒有失誤過，但是卻在最後一次表演的時候，不幸從高空摔落喪命。

事後他的妻子在接受採訪時說：「我就非常擔心他這次會出事。他以前表演都是關注自己走好每一步，而不去想結果怎麼樣，每次都很成功。可這次是他最後一次演出，他太看重了，臨上場時反覆說『只能成功，不許失敗』。他太關注結果，最後把性命丟掉了。」

在生活中，凡事只要盡力就好，何必一定要事事成功呢？重要的是享受成長的過程。每一個過程都是自我提高、吸取經驗教訓的機會。從這一點來說，成長比成功更重要。這就好像觀看戲劇，如果你直接越過劇情只看結局，會「得不償失」，因爲少了跌宕起伏的情節，戲劇就變得索然寡味；解方程式，如果你直接跳過步驟寫出答案，便會失去只可意會而無法言傳的推理演算的快樂。

實事求是地說，從始至終，人們因爲太看重「終」，反而忽視了過程。其實，一切結果都是由過程推演過來的，結果本身並不是那麼重要。凡經歷過「過程」的人，都永遠難忘享受「過程」的快樂。他們對結果並不過分關注，因爲結果也意味著結束和「謝幕」。沒有「過程」可以享受，無疑是人生的另一種缺憾。

其實生活中成功的機會經常是可遇而不可求的，但是人人都想成功，因此可以說成功是一種博弈的遊戲，是一種稀缺品。但是，成長的機會無限，只要你願意，每天都可以讓自己成長。雖然這種成長未必會給你帶來更多的財富或顯赫的權勢，但它會讓你輕鬆漫步人生旅途，以平和淡定的心態面對種種挑戰，展現自身的最佳狀態。這是另一種成功，也許是更高層次上的成功。

5 靠自己最好

一個人活在世上，既不能像春天的蚯蚓、秋天的蛇一樣軟骨頭；也不能像風雨中的落花柳絮，找不到根基，而是要自立自強。

自立自強是打開成功之門的鑰匙，也是成長力量的源泉。力量是每一個志存高遠者的目標，而模仿和依靠他人只會導致懦弱與屈服。力量是自發的，不依賴他人。坐在健身房裡讓別人替我們練習，是無法增強自己的肌肉力量的。

沒有什麼比依靠他人的習慣更能破壞獨立自主的能力了。如果你依靠他人，你將永遠堅強不起來，也不會有獨創力。做人，要麼獨立自主，要麼埋葬雄心壯志，一輩子老老實實做個普通人。

小仲馬自幼喜愛寫作，但是在最開始階段，他的稿子總是被編輯無情地退回。他的父親大仲馬得知後，便好心地對小仲馬說：「如果你能在寄稿時，隨稿給編輯們附上一封短信，說『我是大仲馬的兒子』，或許情況就會好多了。」小仲馬說：「不，我不想坐在你肩頭上摘蘋果，那樣摘來的蘋果沒有味道。」

年輕的小仲馬拒絕以父親的盛名作自己事業的敲門磚，不露聲色地給自己取了十幾個其他姓氏的筆名，以避免那些編輯們把他和大名鼎鼎的大仲馬聯繫起來。

面對一張張退稿箋，小仲馬沒有沮喪，仍在默默無聞地堅持創作自己的作品。他的長篇小說《茶花女》寄出後，終於以其絕妙的構思和精彩的文筆震撼了一位資深編輯。這位知名編輯曾和大仲馬有著多年的書信來往，他看到寄稿人的地址同大仲馬的絲毫不差，懷疑是大仲馬另取的筆名，但作品的風格卻和大仲馬的迥然不同。帶著這種興奮和疑問，他乘車造訪了大仲馬。

令他吃驚的是，《茶花女》這部偉大作品的作者竟是大仲馬名不見經傳的兒子小仲馬。「您為何不在稿子上署上您的真實姓名呢？」老編輯疑惑地問小仲馬。小仲馬說：「我只想擁有真實的高度。」老編輯因此對小仲馬的獨立自強讚歎不已。

《茶花女》出版後，法國文壇書評家一致認為這部作品的價值大大超越了大仲馬的代表作《基度山恩仇記》。小仲馬一時聲名鵲起。

倘若小仲馬一開始就依賴父親，或許不會取得如此大的成就。一個人適當依靠父母親，乃是成長的必需，但如果事事依賴，時時依賴，喪失了進取的積極性，過著「衣來伸手，飯來張口」的生活，這就成爲嚴重的缺點了。

有依賴心理的人，很難獨立地做成事情，當然也就談不上操縱和把握自己的命運，他的命運只能被別人操縱。只有在他具有利用價值時，人家才會利用他。如果他的利用價值消失了，或者已經被利用過了，人家就會把他拋開，讓他靠邊站。只因為有依賴心的人太軟弱無能，只因為有依賴心的人心裡只會相信別人，他不敢相信自己，更不會自信能勝於他人。

《周易》記載：「天行健，君子以自強不息；地勢坤，君子以厚德載物。」自強是什麼？是奮發向上、銳意進取，是對美好未來的無限憧憬和不懈追求。自強者的精神之所以可貴，就是因為他依靠的是自己的頑強拚搏而非其他人的蔭庇提攜；就是因為他要甩開別人的攙扶，自己的路自己去走！

靠別人安身立命是沒有出息的。常言道：「庭院裡練不出千里馬，花盆裡長不出萬年松。」安逸的生活誰都嚮往，但困難卻是人生中不可避免的。人們常說，有苦才有樂。經過自己的努力得來的一切，雖然其中可能飽含辛酸，但是奮鬥過程中所獲得的對人生的感悟，以及奮鬥之後哪怕一點點的收穫，都會讓我們擁有極大的成就感。

俗話說：「天上下雨地上滑，自己跌倒自己爬。」鍛煉意志和力量，需要的是像小仲馬那樣的自主自立精神，而不是依賴他人或來自他人的影響力。

漫漫人生路要靠自己去走，要做一個好漢，要靠自己的雙腿走出人生之路，要靠自己的雙手創造出美好的新生活，切不可靠他人來爲自己謀福利；須明白，靠自己最好！

“第二章”

你很重要
努力去做重要的事吧

一個嬰兒，在父母眼裡，他是寶貝。一個老人，在兒女面前他是長輩。一個社會精英，為社會創造財富，推動社會的發展。一個家庭主婦，能照顧好子女和丈夫……每個人都是別人的親人朋友，每個人都會被別人當作最重要的人。

每個人都必須知道，自己很重要。如果每個人都覺得自己很重要，那麼他（她）就會很努力去做重要的事。

1 沒有人比你更瞭解你自己

在古希臘帕爾索山上的一塊石碑上，刻著這樣一句箴言：「你要認識你自己。」盧梭曾經這樣評價此碑銘：「比倫理學家們的一切巨著都更為重要，更為深奧。」顯然，認識自己是至關重要的。

在生活當中，我們會發現：一個人如何看待自己與其自信心的強弱有關，自信心強的人能較客觀地看待自己的潛力，而自卑的人則會對自己有所貶低。多數情況下，一個人如果覺得自己是個樂觀向上的人，就會表現得樂觀向上；如果覺得自己是個內向而遲鈍的人，那很可能就會表現得內向、遲鈍。

只要看清自己，那麼一切都可以改變。認識自己、看清自己的優缺點，無論是對取得事業上的還是生活中的成功都會起到至關重要的作用。

美國跳水運動員洛加尼斯剛上學的時候很害羞，在講話和閱讀上遇到了困難，為此他受到同伴的嘲笑和捉弄。這令洛加尼斯非常沮喪和懊惱，但他發現自己非常喜歡並且精通舞蹈、雜技、體操和跳水。他知道自己的天賦在運動方面而不是學習。

當認清這些之後，他開始專注於舞蹈、雜技、體操和跳水方面的鍛煉，以期脫穎而出，贏得同學們的尊重。由於他的天賦和努力，他開始在各種體育比賽中嶄露頭角。

在上中學時，洛加尼斯發現自己有些力不從心了，因為無論是舞蹈、雜技、體操、跳水，都需要辛勤的付出，他不可能有時間和精力去做這麼多事。他知道自己必須要有所捨棄了，只能專注於一個目標。但他不知要捨棄什麼，選擇什麼。這時，他幸運地遇到了他的恩師喬恩——一位前奧運會跳水冠軍。

經過對洛加尼斯的觀察和詢問後，喬恩得出結論「洛加尼斯在跳水方面更有天賦」。洛加尼斯在經過與老師的詳細交談後，認為自己的確更喜歡跳水，他認識到以前之所以喜歡舞蹈、雜技、體操，是因為這些可以使他跳水更得心應手，可以為跳水帶來更多的花樣和技巧。他恍然大悟，於是專心投入到跳水中去。

經過專業訓練和長期不懈的努力，洛加尼斯終於在跳水方面取得了驕人的成績。由於對運動事業的傑出貢獻，洛加尼斯在一九八八年獲得年度運動員獎（Athlete of the Year），達到了一個運動員榮譽的頂峰。

我們每個人都有著屬於自己的使命，當我們清楚地認識到自己的使命時，我們才能生活得快樂、幸福。有人適合做將軍，有人適合當士兵。如果適合做士兵的人以做將軍為目標，那麼想做將軍的想法只會使他一生痛苦不堪，受盡挫折。所以，首先認清自己才是關鍵。

認識自己是一件很難的事，但同時也是一件很幸福的事，因爲它會給你的人生帶來很多收穫。認識自己，並非只是那些天才才能擁有的能力，我們周圍有許多平凡人，他們同樣也可以很好地認識自我做自己喜歡的事，活得自在，活得快樂，這也是一種成功。一個人在某個方面不行，並不代表他在其他方面也不行。所以，只有充分認識了自己，做到「沒有人比你更瞭解你自己」，最終才知道你到底行不行。

2 無須討好世界，但求我心歡喜

生活中，虛心地接受別人的意見有助於自己更快地成長，可是過分地依賴別人的意見會使我們喪失主見。義大利作家但丁說過這樣一句話：「走自己的路，讓別人去說吧。」

很多人明白這個道理，但是能夠做到這一點的人少之又少。我們總是太過在意別人的眼光，如果有人說我們的衣服難看，我們第二天就絕不會再穿；當別人說你的聲音不夠甜美，那麼你就會很少說話。做完一件事，我們總是依靠別人的評價給自己打分，別人的看法會被我們牢牢記在腦海之中，好的評價會讓我們心情愉悅，而那些不好的則給我們的生活帶來無盡困擾。

在當今社會，我們不可能獨立地生存於這個社會中。可是我們不能因爲這些，就讓別人的議論成了生活的風向標。總是記得別人的議論，這是沒有主見、沒有自信的表現。它不但會影響我們的生活、學習，長此以往，還會讓我們的心態更加消極，甚至於，我們不敢自己尋找未來，而是從別人的眼中尋找未來。

費曼是美國的科學奇才，他的妻子性格開朗，總是善於從一些小事中尋找生活的樂趣，所以，他們的婚姻生活很幸福，一直是身邊朋友羨慕的對象。

有一次，費曼的妻子給身在普林斯頓的他寄來一盒鉛筆，每支筆上面還刻一行金色的字表達了心中的愛意：「查理親親！我愛你。」

費曼覺得這禮物是很好，但是如果跟教授朋友討論問題，忘在別人桌子上，別人會怎麼想呢？他不好意思用這些筆，所以刮掉一支鉛筆上的字來用。

第二天上午，費曼又收到一封妻子寄來的信，一開頭就寫道：「想把鉛筆上的字刮掉嗎？這算什麼？你難道不以擁有我的愛為榮嗎？」結尾用特大號字體寫著：「你管別人怎麼想呢。」看到這段話，費曼非常震驚。「是啊，我為什麼要管別人怎麼想？生活是自己的，人生也是自己的，幹嗎活在別人的議論中啊。」他對自己說。

受到妻子的啟發，他決定寫一本講述自己一生經歷，而且就以「你管別人怎麼想」為書名。在這本書中，他記述了和妻子的感情、生活軼事和他自己在科學上的重大突破。

人生短暫，需要我們把握的東西有很多，如果你總是不停地按著別人的要求來做自己，很顯然，這樣的人生是沒有意義的。我們要知道，在人生道路上，我們只是別人眼中的一道風景，轉過身，就會很快地被人忘記。

當你付出太多的努力來達到別人眼中的完美，別人也許已經喪失了關注你的興趣。所以，不要過多地糾纏於別人的評價中，要學會做自己的主人。

3 你不知道，你有多麼優秀吧？

大多數的成功者都是善於運用自己優勢的人。他們不但珍視自己的優勢，而且懂得不斷地發現和挖掘自己的所有優勢，發揮出這些優勢的最大效應。

曾經有位五十二歲的先生向著名的演說家諾曼．文森特．皮爾諮詢。他的意志極為消沉，表現出極端的絕望。他說他「全完了」。他告訴諾曼，他費盡心血建立的一切全都化為了泡影。

諾曼看到他充滿絕望的眼神非常同情，決心幫助他重新鼓起生命的信心和勇氣。諾曼對他說：「那麼，我們拿一張紙，寫下你剩餘的財產還有什麼？」

「沒有了，」那個灰心的先生歎了口氣說：「我什麼都沒有剩下。」

諾曼堅持還是寫一寫，於是問他：「你太太還跟你在一起嗎？」

「她當然還跟我在一起，而且我們感情還很好。我們結婚三十年了，不管事情有多糟，她都不會離開我。」那人回答。

諾曼又接著問：「很好，我把這個記下來——太太還跟你在一起，而且不管發生什麼事，她都不會離開你。那麼你的兒女呢？你有小孩嗎？」

「有啊！」他答道，「我有三個子女，也都很棒。他們會走到我面前說：『爸爸，我們愛你，我們會一直和你站在一起。』我每次都被感動得不行。」

「那麼，」諾曼說，「這就是第二項了——三個愛你、願意站在你身旁的子女。你有朋友嗎？」

「有，」他說，「我真的有幾個很不錯的朋友。我必須承認他們和我的關係一直都不錯。他們會來看我，然後說他們想要幫我，但是他們能夠幫什麼呢？他們什麼都幫不了。」

「那就有第三項了——你有一些願意幫你而且尊重你的朋友。那麼，你是否正直誠實呢？你有沒有做什麼錯事？」

「我很正直誠實，」他回答，「我一直堅持走正道。」

「很好。」諾曼說，「我們把這個列入第四項——正直誠實。那麼你的健康呢？」

「我的健康狀況不錯，」他回答說，「我很少生病，我想我的身體狀況應該不錯。」

「現在我們又可以記下第五項了——身體狀況不錯。」諾曼說，「現在，我們把列出的資產看一遍：

一個好太太——結婚三十年；

三個忠實的子女，願意站在你的身邊；

願意幫助你並尊重你的朋友；

正直誠實——沒什麼值得羞恥的地方；

身體狀況不錯。」

諾曼把這張寫好「生命資產」的紙遞給他，說：「看看這個，我想你有不少資產哩。你並不是你自己所想像的那樣一無所有呀。」

這個灰心喪氣的人看到紙上列舉的資產，感到自己真的並不像想像的那麼糟糕。「我想我當時大概沒想到這些東西吧！我沒有想到從這個角度來看事情。或許事情還不算太糟，或許我可以重新來過。」他果然放棄了失望和頹廢，計畫東山再起了。

生活的打擊、問題的複雜會使你的能量枯竭，使你覺得沮喪，筋疲力盡。在這樣的情況下，你的力量是晦暗不明的。人們往往沉浸於這種從未經歷過的沮喪之中。這時候，你必須能夠再次評價你生命的資產。只要你有合理的態度，這個評價會讓你知道你並不像自己想的那麼失敗。

人都有缺點，也許有很多還很嚴重，但同時也有許多優點。人生的最大價值是由你最突出的優點來決定的，而不是由缺點來決定。一個人如果總盯著自身的缺點、劣勢的話，就像你永遠站在陰影下一樣，你只會心理負擔越來越重，直至精神崩潰。

每個人都有一筆豐富的資產，如果你不善於去發現它、運用它，它就只能永遠沉睡在被人遺忘的角落。把你的優勢列成一張清單，會讓你感到自己並非一無所有，會讓你看到自己的生活中還有無窮的、可以支持你的力量。只要你把自己所有的優勢都清點起來，你會發現，你還有很多可以運用的資本。

4 一輩子能做好一件事就不錯了

目標太多，卻沒有分身之術，舉棋不定，不知應該放棄還是堅持。不知道你是否有過諸如此類的困惑。

普林斯頓大學給這些困惑的人做過這樣的比喻：「這種選擇就像在過一個陌生的十字路口，只要你選擇一條路往前走，每一條路都可以通往目的地。可如果總是懷疑自己的方向不對，一次又一次地退回來選其他的路，那麼不管你以什麼樣的速度走，都總在原點附近徘徊，永遠走不到你的目的地。你付出的越多，你就越會覺得疲勞和辛苦。」

法國馬賽一位名叫多梅爾的警官，為了緝捕一名罪犯，查閱了十幾米高的檔案，打了三十多萬次電話，足跡踏遍四大洲，行程達到八十多萬公里。

經過五十二年的漫長追捕，多梅爾終於將罪犯捉拿歸案。此時多梅爾已經是七十三歲高齡。有記者問他這樣做值得嗎？他回答：「一個人一生只要做好一件事，這輩子就沒白過。」

當初多梅爾接到這個案子時，也許他並沒有料到這會成為自己矢志不渝、奮鬥終生的目標。他只是把它當作一個普通案件，履行一個警官應該履行的職責。然而隨著案情的一步步深入，作為一名執法者的高度責任感和使命感，使他再也不能淡然處之了。因為一個小女孩無辜慘死的眼睛還沒有合上，他時時刻刻都在被那雙眼睛注視著。

也就是從那時候起，多梅爾把緝捕罪犯立為了自己的終生之志。

一任風霜雨雪，途程萬里；一任寒暑過往，四時變易。一萬八千多個日夜從身邊流去了，意氣風發的昂揚少年變成了垂垂老矣的暮年衰翁，但他仍然在執著地做著一件事。跬步之積而至千里，滴水之聚終成江河，經過五十二年的漫長耕耘，多梅爾終於有了收穫。

當他把手銬銬在那名同樣年老的罪犯手上時，竟然興奮得像個孩子：「受害者可以瞑目了，我也可以退休了。」

一個人一生中只要能夠做好一件事，當他回憶往事的時候，就不會因為虛度年華而悔恨，也不會因為碌碌無為而羞愧，他可以像多梅爾那樣自豪地說上一句：「我這輩子沒有白過！」

的確，人的一生真的很短暫，一個人一輩子能真正做好一件事就不錯了。有的人，好高騖遠，心性浮躁，頻繁跳槽，這山望著那山高，老覺得人家碗裡肉多，到頭來，雖說幹過不少事，可連一件事也沒有做好。有的人，不務正業，無所事事，一生的全部意義，就是證實了碌碌無爲是多麼可怕的事情。這種人的人生價值，和那個法國員警相比真是天壤之別。

其實，我們如果把人類社會比作一棟大廈，那麼每個人就是大廈上的一塊磚，只有大家都能做到盡職盡責，做好自己該做好的那一件事，做一塊品質合格的磚，大廈才能牢固、宏偉。當會計的不錯算一筆賬，當營業員的把微笑送給客戶，當演員的努力塑造好每一個角色……這些都是很平凡的事，但一個人若能一輩子做好其中一件事，就不算虛度人生了。想想看，美好的世界不就是由這樣美好的事組成的嗎？

5 忠於什麼都不如忠於自己重要

哈佛著名的思想家愛默生說過：「相信你自己的思想，相信你內心深處認為是正確的東西。」堅持真理首先意味著要忠於自己、相信自己，有極大的勇氣堅持自己的判斷。

學生向蘇格拉底請教如何才能堅持真理，蘇格拉底讓大家坐下來。他拿著一個蘋果，慢慢地從每個同學的座位旁邊走過，一邊走一邊說：「請同學們集中精力，注意嗅空氣中的氣味。」

然後，他回到講臺上，把蘋果舉起來左右晃了晃，問：「有哪位同學聞到蘋果的味道了？」有一位學生舉手站起來回答說：「我聞到了，是香味！」

蘇格拉底又問：「還有哪位同學聞到了？」學生們你看看我，我看看你，都不作聲。蘇格拉底再次舉著蘋果，慢慢地從每一個學生的座位旁邊走過，邊走邊叮囑：「請同學們務必集中精力，仔細嗅一嗅空氣中的氣味。」

回到講臺上後，他又問：「大家聞到蘋果的氣味了嗎？」這次，絕大多數學生都舉起了手。

稍後，蘇格拉底第三次走到學生中間，讓每位學生都嗅一嗅蘋果。回到講臺後，他再次提問：「同學們，大家聞到蘋果的味道了嗎？」

他的話音剛落，除一位學生外，其他學生全部舉起了手。那位沒舉手的學生左右看了看，也慌忙地舉起了手。他的神態引起了一陣笑聲。蘇格拉底也笑了：「大家聞到了什麼味？」

學生們異口同聲地回答：「香味！」

蘇格拉底臉上的笑容不見了，他舉起蘋果緩緩地說：「非常遺憾，這是一個假蘋果，什麼味道也沒有。」

人都有從眾心理，面對外界事物作出判斷時，儘管一開始有自己的主張，可周圍持反面主張的人多了，甚至呈一邊倒的形勢時，他就會認為自己的選擇是錯誤的，心理的堤岸崩潰了，轉而改變立場。蘇格拉底的這個故事，挖掘出了人性的弱點——迷信權威，盲目從眾，不相信自己。這樣不但會使人錯失很多親身認識事物真相的機會，甚至會歪曲事物的真相。

哈佛告訴我們：每個人所認同的真理是不同的，在你追求心中的真理時，難免會聽到不同的聲音，但是，這時候你要是放棄自己的觀點，放棄自己所看到的事實，完全聽從別人的觀點，沒有自己的主見，就會被真理嘲弄。

對此，哈佛人的做法是：要想成爲真理的朋友，就應該忠於事實，要忠於事實，首先應該忠於自己。要堅持自己認爲是對的事，並勇往直前；要完全相信自己，即使受到阻撓和誹謗，也不改變信念。

做學問要有自己的認識，不能人云亦云，這樣才能獲得真知。做人也是如此，要有自己的獨立人格和原則，才可能受到別人的尊重。那些見風使舵、委曲求全、人云亦云的人最終必將遭人唾棄。

發現真理很難，但發現真理後堅持真理更難，尤其是在不被他人認同的情況下；當然，要否決謬誤更難，特別在他人都相信那謬誤是真理的時候。長久以來，哈佛形成了一種學術標準。對真理的認真探索無疑是這一標準的核心價值。

哈佛認爲：真理高於一切。與真理爲友，最通常的意義就在於敢於直面真相，說出真相。每個人一生中都見證過無數真相，但因爲這些事與己無關，或者與己有關同時也關係到他人，爲了明哲保身免擔風險，就選擇了沉默。就因這些沉默，人類的良知也漸漸淪喪。

有這樣一個關於神父的故事：

神父很苦惱，事情的起因是一個男人在他面前做過一次懺悔。「實話相告，我是個殺人犯。」

那男人坦白說，他是一起殺人案的真正兇手，而該案的嫌疑犯已被逮捕並判處死刑。神父本應該向警察局報告這件事的真相，可是他的教規規定嚴禁將懺悔者的秘密洩露他人。他不知如何是好。

如果就這樣保持沉默，一個無辜的人即將冤死，這會使他良心不安；可是要打破教規，這對於發誓將一生獻給上帝的他來說，是無論如何也做不到的。他陷入了進退兩難的境地之中。

最後，他決定保持沉默。於是，他來到另一個神父的面前懺悔。「我將眼看著一個無辜的人被處死……」他陳述了事情的來龍去脈。這位神父朋友也為難了。想來想去，他也決定保持沉默。為了逃避良心的譴責，他又向另外一個神父懺悔……

在刑場上，神父問死囚：「你還有什麼要說的嗎？」

「我沒有罪，我冤枉！」死囚叫道。

「這我知道。」神父回答，「你是無辜的，全國的神父都知道。但是，我們有什麼辦法呢？」

為了不受教規的處罰，神父最終沒説出真相，代價就是一個無辜的人被送進刑場。

真理是一個響亮而崇高的字眼兒，需要崇高的心靈去維護。每個人都希望自己能夠站在真理這一邊，但卻不是每個人都有足夠的勇氣與真理爲友。往往，在私利面前，我們失去了說出事情真相的勇氣。

「我要做的只是以我的微薄之力來爲真理和正義服務，即使不爲人喜歡也在所不惜。」愛因斯坦堅持與真理永遠結伴而行，值得我們所有人學習。

“第三章”

你不是想得太多
而是動得太少

生命就是一次行動的過程。在這個過程中，我們留下了許許多多的腳印，無論是規則的還是不規則的腳印，都在默默證明我們的行動姿態。你用什麼樣的姿態去做事情就會有什麼樣的收穫，這就是行動的效果。

1 心動不如行動，失敗好過不動

人類進化成爲高級的動物，並且以其獨特的方式宣告：我可以獨立行走了。正是因爲這樣，行動力才被更好地輸出，以至發揮到了極點。而人類進化的幾千年以來，行動力一直是人類適應地球的本能。

在今天這個全球一體化的經濟時代裡，行動力又得到了另外一種詮釋：它是人與環境互動的結果。所以行動力的執行程度，成了人是否走向成功的尺規。

梅丹理是名校的畢業生，無論是在學業上還是在家庭背景上，他都佔據著優勢。可是畢業後，他並沒有像其他同學那樣到大公司或是自己家族企業裡上班，而是選擇了一家不太知名的小廣告公司。這讓很多人無法理解，但梅丹理卻對朋友們說道：「是金子總會發光，不管做什麼事情，都要對自己有信心，因為沒有什麼是不可能的，只要你行動了。」

梅丹理對事業是充滿信心的，他剛應聘廣告銷售員這個職業的時候，對於這個職業還一無所知，老闆便告訴他：「業務員就是把想像賦予行動，把幻想變成現實的職業。」

於是，梅丹理開始著手工作，他列出一份名單，準備去拜訪這些很特別的客戶。公司裡的其他業務員都認為那些客戶是不可能和他們合作的，但梅丹理執意要去試一試。

梅丹理懷著堅定的信心去拜訪這些客戶。然而，令所有人都想不到的是，兩天之內，他和十八個「不可能的」客戶中的三個談成了交易。直到第一個月的月底，十八個客戶中只有一個還沒有同意合作。當然，梅丹理是不會輕易放棄最開始的計畫的，行動會一直持續到成功為止。所以梅丹理決定繼續拜訪那位顧客，直到成功為止。

兩個月以來，梅丹理每天早晨都到拒絕買他廣告的客戶那去報到，只要他的商店一開門，梅丹理就進去試圖說服那位商人做廣告，而每天早晨，這位商人都回答說：「不！」可是每當這位商人說「不」時，梅丹理都好像沒聽到一樣，繼續前去拜訪。

到了這個月的最後一天，已經連續說了三十天「不」的商人說：「年輕人，你已經浪費了一個月的時間來請求我買你的廣告，我現在想知道的是，你為何要堅持這樣做？」

梅丹理說：「我並沒有浪費時間，這段時間我其實也是在學習，而您就是我的老師，我一直在訓練自己在逆境中的堅持精神。」那位商人點點頭，接著梅丹理的話說：「我也必須向你承認，這一個月來我也一直在學習，而你也是我的老師。你已經教會了我堅持到底這個道理，對我來說，這比金錢更有價值，為了表示我對你的感激，我決定買你的一個版面做廣告，當作我付給你的學費。」

梅丹理憑藉自己堅忍不拔的精神和實際行動，終於打動了客戶，為自己贏得了機會。

梅丹理的成功讓我們看到了行動的魅力。他用實際行動把「不可能」的事情變成可能。有人會問，難道這是因爲梅丹理有超凡的智慧嗎？錯了，梅丹理跟我們一樣平凡，沒有過人的智慧；梅丹理是因爲敢於行動，才把許多人認爲不可能的事變成了現實。在這裡，如果非要說梅丹理有什麼過人之處的話，就是他那敢於行動的精神。而其實這是我們每個人都可以做到的。

行動的力量是巨大的，它可以把人們一貫認爲的「不可能」變成可能。你常常會聽到這樣一句話：「心動不如行動。」說得一點都沒有錯。行動是成功的必經之路，假如你連行動的前提都沒有，那就更談不上成功了。不管是什麼樣的道路，都要有一個開始，行動就是邁向成功的那個開始。

不要認爲別人都不去做的事情就是不可做的事情。別人連行動機會都不曾給予的某一件事，我們又何以判定它是不可爲的呢？行動是成功的實驗室，是否成功都要去行動過後才能得出結論。這就好比一個科學專利一般，連實驗都沒有通過，那又怎麼能得出該專利是不是可用的、實用的呢？所以，我們與其沉浸在幻想的人生裡頭，還不如把夢想賦予到行動裡面。只有一次次實際的行動，才能證明哪條路是自己要走的，也只有這樣，成功才會眷顧你。

當你邁出第一步的時候，你的行動就是你的成功宣言。成敗與否讓行動去定奪吧。

2 知道不如做到，想到更要做到

有句話是這麼說的：「不怕做不到，只怕想不到。」當然，很多時候靈光一現的創意確實是彌足珍貴，能給人們的成功帶來意想不到的效果。然而，想法終究只是存在於腦海裡，沒有行動就只是一腦子空想而已。因此上面的話也可以這麼說：「知道不如做到，想到更要做到。」

汽車大王亨利．福特告訴我們一個極爲簡單的成功法則。他說：「認爲自己能做到，或是不能做到，其實只是一個轉念。」

不要因爲人們的懷疑，就阻礙了你的想像空間。只要想到了，就要去付諸行動和實踐。只要努力行動，沒有什麼是不可能的。而如果一味懷疑，遲遲不肯行動，那麼再美妙和實際的想法也只能是紙上談兵，永遠不可能成爲現實。

在法國南部一個很小的城市裡，住著一群人。他們從沒有離開過小城，且一直都認為這個小城是最美麗最富饒的地方。後來，有一位外地的客商路過小城，客商告訴他們：「小城只不過是一個小得極不起眼的地方而已，還有很多地方比這個城市更美麗、更富饒。」

聽了客商的話，小城中的人們決定出去走一走，開開眼界。有了這個想法之後，他們決定在出發之前做一份周全的計畫。他們根據客商的描述制定了一份內容詳盡的計畫。後來客商離開了小城，留給了他們一本關於旅行的書。看了這本書介紹的內容，他們感到最初制定的計畫太不周全了，於是又加入了一些條款。

經過幾次修改和完善，他們終於有了一份完整的出行計畫，可還是不能立即出發，因為出行計畫上羅列的許多東西他們還沒有準備好。

他們還要買地圖，由於從來沒有走出過小城，他們只能從外面來的一些商販手中購買地圖。終於有商販來了，人們從商販手中買了好幾份地圖，不過商販告訴他們，如果想到更遠的地方旅行最好用地球儀，於是他們又等待賣地球儀的商販進城。

就這樣，他們等到了地球儀。在買了地球儀之後，他們發現還需要火車時刻表，在有了火車時刻表之後他們又發現還需要指南針。在這些東西都準備好了之後，他們又覺得還需要一個行李箱，行李箱準備好了之後又發現沒有鎖出門不安全，他們又找鐵匠打了一把十分保險的鎖……

等人們把一切都準備好之後，才發現自己早已年老力衰，根本沒有足夠的力氣實施當年制定的計畫了。況且他們當初的那份雄心壯志早已被時間消耗殆盡，最後不得不老死在小城中。

空有計劃而不付諸實踐永遠都不可能成功，就像故事中小城的人們一樣，計畫雖然天衣無縫，極盡完美，但是他們始終都不敢將計畫付諸實踐。這種前怕狼後怕虎的猶豫態度，最終也使得他們完美的計畫付諸東流，沒有任何的實際效果。

成功的第一步總是很艱難的，這需要莫大的勇氣和決心，而將想法付諸實踐便是實現夢想的第一步。只有踏出了這一步才能邁上成功的大道，而畏畏縮縮，遲遲不肯行動，再完美的計畫和想法也只會付諸東流。

3 別讓你的人生停滯在藉口上

社會的現實需要我們在走每一步前都下定決心，並賦予勇氣，等待和安慰式地找藉口只能讓自己走入迷途，如此一來，你將在茫茫人海中失去主動權。

看起來好像是人類有太多的理由去失敗，而沒有太多的理由去成功。其實不然，只是人們習慣了爲自己找理由而已。找藉口會使事情止步不前，因爲理由總停留在事情的發展階段，事情得不到解決，等於在困難面前爲自己找了藉口，逃避事實上的缺點，並不願意去修正它。如此一來，人生便停留在了那個藉口之上。

老鼠家族召開緊急會議，商討如何對付這戶人家的另一個住戶——貓。因為這隻巨大的不速之客十分厲害，讓老鼠們吃盡了苦頭。於是大家開始獻計獻策，想要制定一個對付貓的萬全之策。

「我們乾脆研製一種毒藥，讓那隻老貓一聞斃命！」一隻老鼠首先說道。

「不行不行，那我們聞了豈不一樣沒命。」

「就是嘛！還有好主意嗎？」

又有一隻老鼠提議道：「那我們就給貓培養吃雞吃鴨的飲食習慣。」

眾老鼠冥思苦想，紛紛獻計，可都被否決了。

最後，一隻狡猾的老鼠開口說話了：「我有一個好主意，只是不知道誰有這樣的膽量。我們給貓的脖子上掛上一隻鈴鐺，只要貓一動，就會有響聲，大家可以事先躲避起來，讓貓撲空。」

眾鼠異口同聲地稱讚道：「真是太妙的主意了。高，實在是高！」

這項決議是通過了，可是由誰前去實施呢？這真是一個難題。結果沒有一隻老鼠敢去掛鈴。後來鼠王重新召開家族會議商討這個問題，並提出會有巨額獎金等以資鼓勵，但是大家紛紛找藉口推拖著，因為誰也不想送死。

事情就這樣一直拖著拖著，老鼠們的日子仍舊不好過，時常受到貓的侵襲。

只有想法，而不去行動，就永遠不會得到你想要的結果。任何事情都是想得再多、說得再好，不如親自去嘗試一下，一味地拖延只能失去更多的機會。

沒有十全十美的事情，所以人們總有百分百的藉口可以隨意說出來。沒有等待而來的成功，只有行動出來的結果。如果只是一味地拖拉、等待，不僅不能把事情從根本上解決掉，反而會錯失良機，導致最後全盤崩潰。

一直強調的行動力，並不是說不按時間去行動，也不應該盲目等待，而是說在機會面前我們要立刻行動。或者當下你的眼前沒有任何機會，也不應該盲目等待，因爲機遇是尋找出來的，有行動才會有開始。那些在困難面前不敢行動的人，只會用藉口來安慰自己的人，成功是不會出現在他們面前的。

布朗大學一直在向我們闡述這樣一個道理：等待與懶惰同屬於一種壞習慣，成功與行動是成正比的。人的生命是有限的，等待並不能實現你的夢想，因爲等待只能換來時間的流逝和無限的幻想。我們應該積極行動起來，抛去一切懶惰的思想，不爲任何困難找藉口。踏踏實實地做好每一件事情，比盲目等待更有意義。

4 從你不喜歡的事情做起

哲學家蘇格拉底說：「當許多人在一條路上徘徊不前時，他們不得不讓開一條大路，讓那珍惜時間的人趕到他們的前面去。」

在實際生活中，也是如此。在時間的支配和管理上，當我們遇到了「徘徊不前」的情況，就要學會「換位思考，反向行動」。

大部分人做事都是從易到難，從喜歡的事情做起，但恰恰喜歡做的事情一般都阻礙工作進展，是效率最大的殺手。不願意做某件事情的藉口往往是沒什麼興趣，真實的原因是自己沒有能力在當前把事情做好，這就形成了一種循環，因爲不擅長或者沒有自信心，所以拖延著不做，而拖延著不做讓自己處於急於逃避或者應付了事的狀態中，並沒有從根本上深入理解工作的本身，因此也無法提高自身的能力，最終變得越來越不喜歡應該做的事情。

在良性的循環裡，因爲不擅長或者自身的能力無法達到，所以總是花時間想辦法鑽研學習，慢慢掌握一些要領，使工作變得順利起來，慢慢培養出了興趣，在工作中也發現了樂趣，因此不喜歡的事情慢慢就喜歡起來。

每個人都習慣避開自己不擅長的事情，結果使得這一方面的能力越加弱化，並且在心裡形成一種慣性思維——「我沒興趣，也做不好，我並不喜歡做這件事情。」結果越來越不喜歡去做它。

很少有人對分派下來的工作會興奮得兩眼發光，除非他是工作狂，或恰巧分配下來的工作又是他最擅長且最喜歡做的。這時候就要面對一個問題：如何完成一項枯燥、自己又沒有把握的工作呢？

譬如說這項工作需要八個小時才能完成，如何在八個小時裡不被隨時而來的干擾或者欲望打斷，最好的方法就是把時間分段。

一般情況，人注意力集中的時間都不長，五到六歲的兒童持續時間爲十分鐘，七到八歲的兒童是十五分鐘，上小學的孩子則是二十到三十分鐘，成年人也只有三十分鐘左右，學校設置每節課的時間也不過四十五分鐘，所以長時間地集中注意力是一個普遍的難題，更何況自己毫無興趣的事情。

對於一般人來說，專注某件事情長達一個小時是非常困難的，十五分鐘就不會那麼艱難了，嘗試以十五分鐘爲段，如果做到了，就對自己說，「看起來做得不錯，不妨再做十五分鐘」。趁著自己在狀態再接再厲，半小時就過去了。原本事情是沒有喜歡或者不喜歡之分，而是我們對事情的感覺讓它有了這一層的定義，任何事情著手時，想像的感覺就消失了，不管你多害怕它，或者認爲它多麼討厭，當沉靜下來投入到工作中時，不好的感覺就不存在了，工作就是要找到「我在」的狀態。

每天從最不喜歡的事情開始做起，堅持做完它，然後做第二件事情，一直做到最後一件才開始做你喜歡的事情。從心理上最困難的入手，在中途不要跳過那些你不喜歡做的事情這是一種強化訓練，堅持下去，強化的效果會越來越大，最終你會覺得你有力量完成任何事情。

對於足球選手來說，日常訓練中的仰臥起坐是最無聊、最枯燥的，卻是每日必須訓練的一項，那些優秀的運動員往往優先做這一項，事實上它很快就會過去，他們也可以享受接下來所有的訓練活動，這點小改變對整個訓練的感覺產生了很大的不同，而那些平庸的運動員不得不整天都在擔心，因爲他們把這一項留到了最後，從而使整個訓練都充滿了壓力和焦慮。

一堂北大哲學公開課，曾風趣地分析過這個老段子：

天下有兩種吃葡萄的人。一串葡萄到手，一種人挑最好的先吃，另一種人把最好的留在最後吃。

第一種人是很不開心，因為接下來每吃一顆都要比上一顆味道差，這就像吃慣山珍海味的人是沒辦法習慣吃粗茶淡飯的，吃了最甜的水果，接下來無論吃多甜的食物，都是不甜的，做完最喜歡的事情，接下來每件事情都是讓人生厭的。

第二種人是快樂的，因為他吃了最難吃的葡萄，接下來每一顆葡萄的味道都比上一顆要好，從最不喜歡的事做起，接下來無論做什麼事情，都充滿了樂趣，所以接下來他吃每顆葡萄都是歡天喜地的。

可見，從不喜歡的事情做起讓你工作時更有力量，也更加投入，進而慢慢改變對工作的看法和態度。

5 今天有沒有比昨天更好

成大事者與未成事者之間的差距，並非如大多數人想像的是一道巨大的鴻溝。成大事者與不成大事者的區別在於一些小小的行動上：每天花五分鐘閱讀、多打一個電話、多努力一點、表演上多費一點心思、多做一些研究，或在實驗室中多實驗一次。

「磨刀不誤砍柴工」是我們每個人都知道的一句諺語。這裡所說的「磨刀」就是修煉自己各方面的功力，提高辦事能力和效率。

一個人的能力有大小，辦事效率有高低。對大多數人來講，最頭痛的問題就是——自己缺乏能力，想多做事，但常常是力不從心，半途而廢。怎樣解決這個問題呢？首先必須提高自己的能力，把所有的時間和精力都投入到自己的專項上。結果會怎樣？結果你會發現自己突然強大起來了，做成了自己想做的事。這就是「多努力一點」的成事之道。

渥淪．哈特葛倫在年輕時曾是一名挖沙工人，長年累月的勞作使他萌發了必須要成就自己的人生事業的欲望——想成為研究南非樹蛙的專家。

按照哈特葛倫所受的教育，本來他不具備這方面的才能，但他從一九六九年開始，就把大部分時間和精力用在了研究的專項上。

他每天都收集一百五十個標本，共做了大約三百萬字的筆記，終於找到了南非樹蛙的生活規律，並從這些蛙類身上提取了世界上極為罕見的一種能預防皮膚傷病的藥物，從而一舉成名，獲得了哈佛大學的博士學位，並成為美國《時代》週刊的封面人物。

他曾經問過一位年輕人是否瞭解南非樹蛙，年輕人坦白地說：「不知道。」

博士誠懇地說：「如果你想知道，你可以每天花五分鐘的時間閱讀相關資料，這樣，五年內你就會成為最懂南非樹蛙的人，成為這一領域中最具權威的人。」

年輕人當時未置可否，但他後來卻常常想起博士的這番話，覺得這番話真的很有人生哲理。這位年輕人開始像博士一樣把時間和精力投入到自己的專項上，終於成就了一番大事業。他的名字叫伍迪．艾倫。

我們大多數人都不願意每天投資五分鐘的時間（**與五個鐘頭的時間相比實在是少之又少**），努力成爲自己理想中的人。

伍迪．艾倫說過：「生活中百分之九十的時間只是在混日子。大多數人的生活層次只停留在爲吃飯而吃、爲搭公車而搭、爲工作而工作、爲回家而回家。他們從一個地方逛到另一個地方，事情做完一件又一件，好像做了很多事，但卻很少有時間去追求自己真正想要達成的目標。就這樣，一直到老死。我猜想很多人到臨退休時，才發現自己虛度了大半生，剩餘的日子又在病痛中一點一點地流逝。想要成就自己的事業，這樣做是絕對不行的，必須把時間和精力投入到一個項目上，這樣你才能變得非同尋常。」

這就是說，比別人多努力一點，你就擁有更多的成功機會。

“第四章”

你對自己多懶惰
生活就對你多無情

太多人在一邊流著口水羨慕別人功成名就，光彩奪目，一邊給自己找藉口拖延不思進取。他們明明知道，理想是用來實現的，而不是單純用來在夢裡放飛的。

沒有一個人隨隨便便就能成功，該對自己狠一點的時候卻總是捨不得，總是手軟，總是給自己找藉口，那就只能永遠止步不前。今天沒努力，明天自然沒理由有收穫。

1 年輕是拚搏的資本，不是懶惰的藉口

在我們的一生中，時間是有限的，它也是這個世界唯一可以稱得上完全公平的事物，因爲每個人的每一天都是在相同的空間中度過的。我們要用有限的時間爭取獲得更多的東西，這也是一些人獲得成功的秘訣。

每個人都應該給自己算一筆時間賬，自己在某方面花費了，或即將花費多長時間，將獲得什麼樣的收益。這種收益可以是快樂、金錢、名譽、自我價值等。

而很多年輕人在時間花費上的特點，往往是以得到快樂爲目的。他們把大把的時間消費在享樂上，而忽視了其他應該做的。這種時間消費

的失衡必然會影響他們今後的生活。

這些人其實是可悲的。他們眼睜睜地看著啤酒、遊戲、小說、肥皂劇等強行換走了自己的時間和青春，卻不加以阻擋，還感覺「很酷」「很刺激」「很舒服」。等到了三十多歲，發現同齡人用他們的青春時光換取了大量的財富而自己卻一無所有時，才後悔莫及。而當他們想奮起直追時，卻發現自己已經不是原來那個精力旺盛的年輕人，很多事做起來已經力不從心。

年輕，應該是拚搏的資本，而不應該是懶惰的藉口。年輕，是人生最燦爛的歲月，你可以驕傲地對所有人喊「我有青春我怕誰」。仗著自己年輕，還有大把的時間去打拚，不用急於一時，於是，你把玩樂放在了第一位。而揮霍之後卻是流淚，因爲你開始後悔自己曾「年少輕狂」。沒有人會永遠年輕，青春時刻都在流失。

一個人如果年輕的時候沒有爲將來的生活留下點什麼，那麼他將來的日子一定會過得很艱難。

時間就是一切，它能讓我們獲得一切，也能讓我們失去一切。我們放走了時間的同時，也就放棄了成功的有利條件。華羅庚說過：「成功的人無一不是利用時間的能手。」

很多人之所以成功，是因為他們抓住了這個條件，不僅懂得珍惜時間，而且知道如何管理時間。他們把別人用來喝咖啡、閒逛的時間投入到工作中，把別人用來玩遊戲、看小說的時間用來思考。

所以，我們要努力學會管理時間：

1.不要沉迷於某種娛樂活動或遊戲，你以為你在玩遊戲，其實是被遊戲玩了。

2.做某種事情前，先評估時間的投入與支出。看時間的消費和最終的收益是否平衡。又費時間又沒好處的事不要做。

3.有效地利用零碎的時間，不要以為幹大事就一定需要「整段」的時間，「點滴」時間累積起來同樣可以幹出大事。

4.學會統籌時間，同時做幾件事情。這樣做就是占時間的「便宜」，很划算。但要做好每件事，避免「三心二意」。

5.重要的時間留給重要的事情。不同的時間段具有不同的效能。慵懨欲睡的時候幹不重要的事，精力充沛的時候做重要的事。

6.時間不可能完全用「盡」。累了就休息，否則，在身體不支援的情況下強行利用時間也是浪費時間，因爲身體垮了需要更多的時間去恢復。

2 雖然你是獅子，追不上羚羊也會餓死

熟悉三國故事的人，都常常爲「死諸葛嚇走活仲達」這一幕話劇拍手叫絕。

話說諸葛亮臨死前料想自己一命歸陰後，司馬懿會趁機起兵追殺，便授計大將楊儀在自己死後退兵時，待司馬懿率兵追來，就推出自己的木雕塑像，以假亂真，達到驚退司馬懿的目的。

後來，諸葛亮死了，司馬懿果然發兵追擊，楊儀按照諸葛亮生前的遺囑做了，那司馬懿以為諸葛亮還健在，生怕中了他的

計謀，不敢逼進。於是楊儀率軍結陣從容而去。不久，司馬懿知道了事情真相，驚呼上當，並自我解嘲說：「吾能料生，不能料死。」

的確，諸葛亮行事如果沒有這種高超的預測力，就難以屢戰不敗，後人也絕不會尊之爲神明。

無數的人生經驗證實了這一點：工於計謀者勝，拙於預謀者敗。廿一世紀是一個充滿風險、充滿挑戰的世紀，我們的生活、職業、娛樂、思維方式都已經發生很大變化。要在這樣的環境裡很好地生存，就要學會深謀遠慮，防患於未然。

每天，當太陽升起來時，非洲大草原上的動物們就開始奔跑了。

獅子告訴自己的孩子：「孩子，你必須跑得再快一點，再快一點，你要是跑不過最慢的羚羊，你就會活活地餓死。」

在大草原的另外一端，羚羊媽媽也正在教育自己的孩子：「孩子，你必須跑得再快一點，再快一點，如果你不能比跑得最快的獅子還要快，那你就肯定會被牠們吃掉。」

為了生存，羚羊和獅子不得不在草原上狂奔，除了奔跑牠們別無選擇。危機感使牠們無暇他顧，一心奔跑，比對手更快也是牠們唯一的選擇。

我們常說的「有時常思無時」「有備無患」也是指的這個道理。仔細想想，你有否爲自己的將來做過什麼準備？如果只是一味在擔憂，什麼也不去做，那麼，可悲的命運降臨到你頭上的可能性更大。反之，若你一直在爲自己的今後做準備，你就無須害怕，因爲你已經備好應對的方法。

凡事預則立，不預則廢，有備才能無患。居安思危不等同於消極脆弱，而是積極果敢的表現，它是對生於憂患、死於安樂這種規律性現象的自覺認識和提前防範。要想積極主動地化解或戰勝風險，就需要我們警鐘長鳴，保持居安思危的憂患意識。居安思危，自覺、自警、自勵的憂患意識，當屬於自強不息的一種表現。

一個沒有危機意識的企業遲早要垮掉。同樣的，一個沒有危機意識的人，一定會在未來遭到不可預測的災難。因爲未來是不可預測的，而且人也不可能天天走好運，所以我們更要有危機意識，在心理上和行動上準備好應付突如其來的變化。若沒有事先準備，光是心理受到的衝擊就會讓你手足無措，更別提應對了。

危機意識或許無法消滅問題，但至少可把災害降到最低，爲自己開闢出一條生路。

3 智商不是硬傷，懶惰才是

我們都想尋找成功的捷徑，卻不明白做一切事都要認真踏實，這樣才能有所成就。我們腦中存在的想要不勞而獲的想法會阻礙我們獲得成功。

自從聽說有人在薩文河畔散步時無意間發現金子後，那裡便常有來自四面八方的淘金者。他們都夢想著一夜之間成為富翁，於是不辭辛苦地尋遍整個河床，甚至還在河床上挖出很多大坑。

的確，有些人找到了，但更多的人卻一無所得，掃興而歸。

也有不甘心落空的，便駐紮在這裡，繼續尋找。彼得．弗雷特就是其中的一員。他在河床附近買了一塊沒人要的土地，一個人默默地工作。他為了找金子，已把所有的錢都押在這塊土地上。他埋頭苦幹了幾個月，翻遍了整塊土地，但連一丁點兒金子都沒看見。六個月以後，他連買麵包的錢都沒有了。

就在他即將離開的前一個晚上，天下起了傾盆大雨，並且一下就是三天三夜。雨終於停了，彼得走出小木屋，發現眼前的土地看上去好像和以前不一樣：坑坑窪窪已被大水沖刷平整，鬆軟的土地上長出一層綠茸茸的小草。

「這裡沒找到金子，」彼得忽有所悟地說，「但這土地很肥沃，我可以用來種花，並且拿到鎮上去賣給那些富人。他們一定會買些花裝扮他們的家園。如果這樣真的能行，那麼我一定會賺許多錢，有朝一日我也會成為富人……」

於是，他留了下來。彼得花了不少精力培育花苗，不久田地裡長滿了美麗嬌豔的各色鮮花。

五年後，彼得終於實現了他的夢想——成了一個富翁。他無比驕傲地對人說：「我是唯一一個找到真金的人！我的『金子』就在這塊土地裡，只有誠實的人用勤勞才能採集。」

只有勤勞的人才能採集到真正的「金子」。因此人生幸福的必要條件是：勤勞。勞動本身足以給我們帶來愉快與滿足感。

著名數學家華羅庚說過：「勤能補拙是良訓，一分辛苦一分才。」通往成功的路雖然有很多條，但每條路上都會遇到相同的困難：曲折和坎坷。不管智商多高的人，都只有「勤奮」這一條路徑，「勤奮是金」，是獲得成功的不二法門。

隨著社會的發展，越來越多的人開始喧囂和浮躁起來。期望不付出任何代價就能獲得成功，有這種投機取巧想法的人顯然無法實現自己的心願，因爲如果沒有勤奮作爲基礎，成功只是紙上談兵。

很久以前，有一個叫漢克的年輕人，一心想要成為一個百萬富翁。他覺得成為百萬富翁的捷徑，便是學會煉金之術。

因此，他把自己所有的時間、金錢和精力都花在尋找煉金術這件事情上。很快，他就花光了自己的全部積蓄，家中也因此變得一貧如洗，連飯都沒得吃了。妻子無奈，只好跑到父親那裡訴苦。她父親決定幫助女婿改掉惡習。

於是他叫來漢克並對他說：「我已經掌握了煉金之術，只是現在還缺少一樣煉金的東西……」

「快告訴我還缺少什麼？」漢克急切地問道。

「好吧，我可以讓你知道這個秘密，我需要三公斤香蕉葉的白色絨毛。這些絨毛必須是你自己種的香蕉樹上的。等到收齊後，我便告訴你煉金的方法。漢克回到家後立刻將荒廢多年的田地種上了香蕉。為了儘快湊齊絨毛，他除了種以前就有的自家的田地外，還開墾了大量的荒地。當香蕉成熟後，他便小心地從每張香蕉葉上刮收白絨毛。他的妻子把一串串香蕉拉到市場上去賣。就這樣，十年過去了，漢克終於收齊了三公斤絨毛。這天，他一臉興奮地拿著絨毛來到岳父的家裡向岳父討要煉金之術。

岳父指著院中一間房子說：「你把那邊的房門打開看看。」

漢克打開了那扇門，立即看到滿屋金光，竟然全是黃金，而他的妻子就站在屋中。妻子告訴他這些金子都是他這十年裡所種的香蕉換來的。面對滿屋實實在在的黃金，漢克恍然大悟。

這個道理和滴水穿石的道理是一樣的。我們經常在屋簷下的石階上看見一行小坑，這些小坑不是人爲鑿出來的，而是屋簷上的水滴下來，總是滴落在同一個地方，長年累月地敲打形成的。這種現象在心理學上稱爲「滴水效應」，意思就是，只要一心一意地做事，持之以恆而不半途而廢，就一定能夠達成我們的願望，走向成功。

4 不能持續地學習，就會被社會淘汰

在學校裡學到的東西是十分有限的，在工作和生活中所需要的相當多的知識和技能，完全要靠他們在實踐中一邊學習，一邊摸索。與學校相比，社會是一本更加博大精深的書，需要經常不斷地去翻閱。

在這個變化越來越快的現代社會，每個人現有的知識和技能很容易過時，只有不斷地學習，才不會被淘汰。德國設計中心主席彼得·札克說：「在人生的這場遊戲中，你要擁有生活和學習的熱情，吸收能夠使自己繼續成長的東西來充實你的頭腦。」

如果一個人不能持續地學習，就會被社會淘汰。只有隨時隨地地補充能量，擁有一種積極的學習心態才能夠充滿自信。

這是美國東部一所規模很大的大學。畢業考試的最後一天，在一座教學樓前的階梯上，有一群機械系大四學生擠在一起，正在討論幾分鐘後就要開始的考試。他們的臉上顯示出信心，這是最後一場考試，接著就是畢業典禮和找工作了。

有幾個人說他們已經找到工作了。其他的人則在討論他們想得到的工作。懷著對四年大學教育的肯定，他們覺得心理上早有準備，一定能征服外面的世界。

他們知道即將進行的考試只是非常簡單的事情。教授說他們可帶需要的教科書、參考書和筆記，只是考試時他們不能彼此交頭接耳。

他們喜氣洋洋地魚貫而入。教室裡，教授把考卷發下去，學生們都眉開眼笑，因為他們注意到只有五個論述題。

三個小時過去了，教授開始收集考卷。學生似乎不再有信心，他們臉上有可怕的表情。沒有一個說話，教授手裡拿著考卷，面對著全班學生。教授端詳著面前學生們擔憂的臉，問道：

「有幾個人把五個問題全答完了？」

沒有人舉手。

「有幾個答完了四個？」

仍舊沒有人舉手。

「三個？兩個？」

學生在座位上不安起來。

「那麼一個呢？一定有人做完了一個吧？」

全班學生仍保持沉默。

教授放下手中的考卷說：「這是我預料之中的。我只是要加深你們的印象，即使你們已完成四年工程教育，但仍舊有許多有關工程的問題你們不知道。這些你們不能回答的問題，在日常操作中是非常普遍的。」

於是教授帶著微笑說下去：「這個科目你們都會及格，但要記住，雖然你們是大學畢業生，但你們的學習才剛開始。」

只有不斷學習的人，才不會被社會淘汰，也只有隨時隨地對生活抱著一種學習心態的人，才能超越年齡上的障礙，戰勝生理上的老化，使心態保持年輕，讓自己充滿活力。

不斷變化的現代社會，在充滿競爭的職場上，學習能力將會成爲成就一個人的重要條件。學無止境，向身邊的人學習更是終身的義務。

5 不逼自己一下，你永遠不知潛能有多大

當我們邂逅一位曾經山重水複而後又柳暗花明的友人時，一番唏噓，一陣歎息之後，往往都會問：

「這些年，真不容易，你是怎麼活過來的？」

「人都是逼出來的。」那位歷盡滄桑的老友會這樣平淡地回答。

當我們的同事在意想不到的時間內完成了意想不到的業績時，我們會充滿敬意又略帶醋意地搭訕：

「真想不到……怎麼就給弄出來了？」

「還不都是逼的。」

「都是逼出來的」，這樣的話在生活中聽到的次數實在是太多太多，可是又有誰想過。這平平淡淡的幾個字，竟包含了多少感人的故事和成功的真諦！

「逼出來的」究竟是什麼東西？是人的潛能，是人的創造力，是創新，是發展。「猴子」變成了人，何等神奇，還不是大自然「逼」的嗎？日常生活中，人在被「逼」之下而發揮出超常智慧和動能的事例不勝枚舉。

「但使龍城飛將在，不教胡馬度陰山」的漢代飛將軍李廣，以善射聞名。據史書記載，有一天李廣出去打獵，驚見草裡有一隻「虎」，情急之下應手放了一箭。過去一看，原來是塊大石頭，而箭頭竟然沒入石中。接著他又試射了幾次，箭卻是碰石而落。

新紀錄都是在比賽中創造的，而且競爭越激烈，往往成績越好。

我們上學的時候，都有這樣的體會，臨考試前，學習效率是最高的。人是一個複雜的矛盾體，既有求發展的需要，又有安於現狀、得過且過的惰性。能夠臥薪嚐膽、自我警醒的人少之又少。更多的人需要的是鞭策和當頭棒喝式的促動，而「逼」就是「最自然」的好辦法。人們常說的「壓力就是動力」，就是這個意思。

因此，被逼不要「無奈」，被逼是福。要麼是被「看得起」委以重托，要麼是有好運氣，否則不會「逼」到你的頭上來。你有了，別人就失去了。

被逼，心態就會改變；被逼，就會有明確的目標；被逼，就會分清輕重緩急，抓緊時間；被逼，就會馬上行動。不尋求突破，不創新，就休想跨過這道坎，於是潛能在被逼之下因迅速集聚而爆發，像核聚變一樣。

目標達成了，「被逼」的狀態解除了，人發展了。

不僅不要怕「逼」，而且還應該主動「逼」。自己跟自己過不去，自己逼自己，使自我經常處在一個積極進取、創新求變的良好的緊張狀態，使潛能時常處在激發狀態。除了在日常工作學習中要有這樣的心態，另外就是要訂立較高的目標來「逼」自己，來提升自己。

全世界最愛「自找麻煩」的人，年過半百的美國婦女卡洛琳·赫巴德算得上一個。這位和藹可親的美國大嬸一方面是一位物理學家的妻子和四個孩子的母親，另一方面又是隨時準備到世界各地搶險救災、拯救生命的勇士。她是「美國救災行動隊」的創建者和領導人。這一組織的宗旨就是：「搜尋和營救」，無論國內國外，哪裡有災難，就到哪裡去。

一九八八年十二月，亞美尼亞發生大地震，死亡人數超過五萬：大廈、住宅、工廠、學校倒塌無數。赫巴德聞訊後幾小時便登上飛往亞美尼亞的飛機。她和其他營救隊員在零度以下的嚴寒中，在覆蓋幾英里的廢墟中摸爬八天，盡可能多地搜尋出還有希望救活的人……

卡洛琳·赫巴德參加的營救活動不計其數。她曾到過地震後的薩爾瓦多和菲律賓，去過巴拿馬的密林中搜尋生存者，在紐約和田納西州尋找因橋樑折斷而受難的人；到過遭颶風襲擊後的南卡羅來納州；到過飛機、火車失事現場和火災水災現場；搜尋救援過丟失的孩子、失蹤的獵人和溺水者。

人們無不為她見義勇為的事蹟和捨己救人的精神所感動。

當談到二十年來的收穫和體會時，她說：「我喜歡遇到緊急情況時產生的那種緊張感、那種興奮感。當意識到自己正在做一件有價值的事情時，我會感到一種滿意、一種自豪。在受災現場，你能看到人類本性最好的一面，也能看到人類本性最壞的一面。而且我也曾處於某種危難境地之中。最重要的是我學會了品嘗生活，活出了新意。」

逼自己，就是戰勝自己，必須比過去的自己更新；逼自己，就是超越競爭，必須比別人更新。別人想不到，我要想到；別人不敢想，我敢想；別人不敢做，我來做；別人認爲做不到，我一定要做到。潛能的力量，真的非常大！

逼自己，一方面要勇於接受挑戰，把自己丟進新條件、新情況、新問題中，逼到走投無路，才會想方設法：破釜沉舟，才會背水一戰，兵法說「置之死地而後生」。另一方面，要用「自律」來逼，用目標管理、時間管理來逼，用行動結果來逼。

以創新之心逼出創新的行爲，得到創新的結果。創新是潛能發揮之始，亦是潛能發揮之終。生命力是從壓力中體現出來的。生命力就是創新能力，就是創造力，就是人的潛能，也就是競爭力，人的潛能越開發、越使用，就越多越強。

“第五章”

或許你不知道
你的腦洞還可以開這麼大

莫里哀曾說：「變通是才智的試金石。」世間萬物都在變，沒有變化，就會落後，就無法生存。事變我變，人變我變，適者方可生存。成功離不開變通。你又何苦墨守成規不敢不變？不試一下，你怎麼知道，自己的腦洞原來還可以開這麼大？

1 腦洞有多大，創意就有多大

有了正確的思路，才能發揮出卓越的智慧。美國著名地質學家華萊士在總結其一生成敗經驗的著作《找油的哲學》中這樣寫道：「有油的地方就在人的大腦中。」他提出了一個著名的觀點：人的大腦裡蘊藏著豐富的寶藏，而思維是其中最珍貴的資源。

一天，有人在賣一塊銅塊，竟然喊價廿八萬美元。一些記者很好奇，詢問後得知，賣銅的這個人是一位藝術家。不過，不管怎樣，對於一塊只值九美元的破銅塊，他的要價無疑是個天價。

為此，他被請進了電視臺，向人們講述他的道理。

他認為：一塊銅，價值九美元，如果做成門把手，價值就增加為廿一美元；如果製成紀念碑，價值就應該增加為廿八萬美元。他的創意打動了華爾街的一位金融家，結果那塊只值九美元的銅被製成了一尊優美的銅像，成為一位成功人士的紀念碑，最後的價值增加到三十萬美元。

九美元到三十萬美元之間的差距，可以歸結成是思考的結晶、創造力的體現，或者說這中間的差價，就是思維的價值、創造力的價值。由此，我們不難看出，思維對我們的工作和生活有多麼重要。在現實生活中，善於思考問題、善於改變思維的人，總能在困境中尋找到解決問題的方法，在成功無望的時候創造出柳暗花明的奇蹟。

一家建築公司的經理忽然收到一份購買兩隻小白鼠的帳單，

心裡好生奇怪。原來這兩隻老鼠是他的一個員工買的。他把那個員工叫來，問他為什麼要買兩隻小白鼠。

員工回答道：「上星期我們公司去修的那所房子，要安裝新電線。我們要把電線穿過一根十米長，但直徑只有二點五釐米的管道，而且管道砌在磚牆裡並且彎了四個彎。我們當中誰也想不出怎麼讓電線穿過去，最後我想到一個好主意。

「我到一個商店買來兩隻小白鼠，一公一母。然後我把一根線綁在公鼠身上並把牠放到管子的一端。另一名工作人員則把那隻母鼠放在管子的另一端，逗牠吱吱叫。公鼠聽到母鼠的叫聲，便跑進管子去救牠。公鼠順著管子跑，身後的那根線也被拖著跑。最後小公鼠就拉著線和電線跑過了整條管道。」

這個員工的思維非同一般，他用智慧解決了問題。

只有運用新思維才能突破困境，找到正確的方向。成功的喜悅從來都是屬於那些思路常新、不落俗套的人們。所以，要想在職場中大展宏圖，就要在你的頭腦中形成正確的思維，並決心爲之付出努力。

美國食品零售大王吉諾．鮑洛奇一生給我們留下了無數寶貴的商戰傳奇。

十歲那年，鮑洛奇的推銷才幹就顯露出來了。那時他還是個礦工家庭的窮孩子，他發現來礦區參觀的遊客們喜愛帶走一些當地的東西作紀念，他就揀了許多五顏六色的鐵礦石向遊客兜售，遊客們果然爭相購買。

不料其他的孩子立即群起效仿，鮑洛奇靈機一動，把精心挑選的礦石裝進小玻璃瓶。陽光之下，礦石發出絢麗的光澤，遊客們簡直愛不釋手，鮑洛奇也乘機將價格提高了一倍。

也許正是這個有趣的經歷，使得鮑洛奇對變通銷售與定價有獨到的理解。在整個商業生涯中，他一直保持靈活變通的思想。

鮑洛奇的公司曾生產一種中國炒麵，為了給人耳目一新的感覺，他在口味上「大動腦筋」，以濃烈的義大利調味品將炒麵的味道調得非常刺激，形成一種獨特的中西結合的口味，生產出了優質的中國炒麵。同時，使用一流的包裝和新穎的廣告展開大規模的宣傳攻勢，打出「中國炒麵是三餐之後最高雅的享受」的口號，把中國炒麵描述成家庭財富和社會地位的象徵。

鮑洛奇這一做法相當成功。他把注意力主要集中在了大量中等收入的家庭上。

他認為，中等收入的家庭，一般都講究面子，他們買東西固然希望質優價廉，但只要有特色，哪怕價錢貴一些，他們也認為物有所值，他們是中國食品生意的主要對象。所以針對他們的心理，鮑洛奇在包裝和宣傳上花了很多精力。果然不出所料，中等收入家庭的主婦們皆以選購中國炒麵為榮，儘管鮑洛奇的定價很高，她們依然不覺得貴。

在走向成功的路上，總是會有各種各樣的麻煩。但是我們不能因爲那些麻煩而放棄了追求，更不能被膽怯阻礙了前進的腳步。成功與失敗之間、幸福與不幸之間，往往只有一步之遙。只要你擁有好的思路，勇敢地面對生活，那麼在征服困境之後，你就能享受勝利的甘甜，成功也將爲你敞開大門。

2 條條大路通羅馬

古羅馬有一句俗語是「條條大路通羅馬」。關於這句話，有這樣一個小典故。

羅馬城作爲當時地跨歐亞非的羅馬帝國的經濟、政治和文化中心，頻繁的對外貿易和文化交流使得大量外國商人和朝聖者絡繹不絕。羅馬統治者爲了加強對羅馬城的管理，修建了一條條大道。它們以羅馬爲中心，通向四面八方。

據說人們無論是從義大利半島的某一個地方還是歐洲的任何一條大道開始旅行，只要不停地往前走，都能成功抵達羅馬城。而現在「條條大路通羅馬」是形容到達一個目的地方法多種多樣，我們在實現目標過程中會有多種選擇。

無論是在追求夢想的道路上，還是在日夜奔波的生活中，我們常常會遇到「此路不通」的尷尬境地，但是變化已經存在，我們就只能去適應變化，調整自己。

一位母親列了一份清單讓自己的孩子出門買各種雜糧，並在孩子臨走時給了他幾個裝米的袋子。

孩子來到糧店，依照購買清單一一過目，這才發現少了一個袋子。清單上詳細地寫了大米、小米、高粱和玉米四種糧食，而母親就給了三個袋子。孩子沒有多餘的錢買布袋，也就沒辦法買全所有的糧食，於是就只裝滿了三個袋子回家了。

歸來後，孩子一進門就抱怨母親不仔細檢查布袋，以至於讓自己還要再跑一趟，買剩下的玉米。母親笑了笑：「你不會找老闊要一根繩，然後把裝得少的布袋從中間紮牢，那麼上面一層不就可以裝玉米了？實在沒想到的話，你還可以再買一個布袋裝玉米啊？」孩子反駁說沒有多餘的錢買布袋。母親又笑了笑：「傻兒子，你不會少要一斤米啊？這樣不就能買布袋了嗎？」

孩子一聽傻了眼，又羞又惱地去買玉米了。

在問題面前，我們要想辦法解決。一種辦法解決不了，我們還可以想其他辦法。最重要的是在遇到問題時不能循規蹈矩，墨守成規，一頭鑽進死胡同。要學會轉換思路，改變角度，那樣你會發現解決問題其實一點也不難。

我們必須意識到變化隨時隨地都有可能發生。我們不但要適應變化，適時調整，還要學會預見變化，做好迎接挑戰的準備。

「此路不通彼路通，此路風景獨好，彼路風景更勝。」事實上，我們之所以會執著於此路而停滯不前，是因爲我們的固有思維認爲那是最順暢、最好的一條路。慣性思維方式讓我們錯過了許多寬敞順暢的大路，也錯過了許多別樣的美麗風景。

「觀光電梯」的發明其實很偶然，它的創意是在一次增設電梯的工程中閃現的。

因為人流量的加大，原本的電梯已不能滿足人們的使用需求，美國摩天大廈出現了嚴重的擁堵問題。為了儘快解決這一問題，工程師建議大廈儘快停業整修，直到將新的電梯修好為止。這個建議很快得到了上層領導的認可並被付諸行動。當電梯工程師和大廈建築師們做好了一切準備工作，開始要穿鑿樓層時，一位大廈裡的清潔工在詢問情況時激發了工程師們的創意。

「你們得把各層的地板都鑿開嗎？」清潔工問道。工程師向她解釋，如果不鑿開，那就沒法裝入新的電梯。

「那大廈豈不是要停業很久？」清潔工又問道。工程師無奈地點頭：「每天的擁堵情況你也看到，我們沒有別的辦法，也不能再耽誤了，否則情況更糟。」

清潔工不經意地隨口說道：「要是我，我就把電梯裝到外面去。」

這個看似不經意的建議，其實蘊含了無限大的智慧。也許身為清潔工的當事人並沒有察覺到她的一句玩笑話會成為工程師們的創意亮點。於是世界上第一座「觀光電梯」就這樣孕育而生了。

專業工程師為了解決大廈擁堵的狀況，決定在大廈內再安裝一架電梯，這一方案可謂吃力不討好。而另一個方案不僅解決了問題，縮小了大廈停業的可能性，而且還創造出了有觀景作用的電梯。所以這條路不僅解決了問題，而且還能使人們欣賞到最美的風景。

爲什麼工程師們的專業眼光就產生不了這一奇妙的創意呢?根本原因就在於這些工程師早已束縛在一成不變的建築知識體系當中,形成了一套固有的思維方式。我們每個人都應避免這種思維方式對處理問題的束縛,這樣才能發現更好的解決方法。

獲得成功的途徑是多種多樣的,並不是魯迅棄醫從文才會獲得成功,以他的偉大人格和深厚知識來說,即使他繼續學醫,往後未必不能功成名就。像天才達文西,他的建樹不僅在於藝術繪畫等方面,而且在天文、物理、醫學、建築、水利和地質等方面都有一些重要的成就,成爲後世學科研究的最好參照。

每一條路都能通往成功,唯一不同的只是這些路的艱險情況。正如「條條大路通羅馬」一樣,在不同的行業裡,用不同的奮鬥方式,都能使我們獲得成功。「此路不通」的情況只存在於路標牌中,通過繞行,我們最終仍能殊途同歸。

3 創造力是一生享用不盡的財富

很多人發現機遇是一種偶然，也是一種必然。因爲有的人註定一生不能發現機遇，即便機遇就在眼前。而有的人則註定會發現很多機遇，即便機遇離他很遠，他一眼便能看見，這就是平凡者和偉大者的區別。

經過分析發現，這種區別就來自於他們自己的眼光。平凡者的眼光是平凡的，即便看見一些不平常的現象，他們也會習以爲常，走馬觀花匆匆而過。然而就在他習以爲常的現象後面，往往躲著他找尋了大半輩子的機遇。

而對於那些成功者而言就不一樣了，即便是一件平凡不已的事情，在他們眼中都會有不平凡之處，他們能發現藏在這些現象背後的機遇，即便要找尋這個機遇得拐好幾個彎，他們也不會錯過。

所以，當一個人處於一種難以解脫的困境或者是在工作中遇到難題時，要善於從原有的思維中跳出來，換一個角度或者是思維重新去考慮問題，尋求解決之道，因爲只有你的「心」變了，你才能迎來新的曙光。

想別人所不能想到的，做別人所不能做到的。就要求你以小事爲突破口、在細節處下功夫，在別人沒有注意到的地方做足了文章，你才能在與別人的競爭中取得優勢。

創新是一個永遠不老的話題，創新並不是少數幾個天才的權利，每個人都能創新。在細節中創新，就是要敏銳地發現人們沒有注意到或未重視的某個領域中的空白、冷門或薄弱環節，改變思維定式，最終將你帶入一個全新的境界。

想別人沒想到的，做別人沒做到的，就要求你特別注意生活中的細節問題。也許某個不經意的舉動，就可以使你靈光一現，你便會有所突破走進光明前途中了。

有位日本婦女，在用洗衣機洗衣服後發現，衣服上總會沾上一些小棉團之類的東西。有一天，她突然想起小時候在山岡上捕捉蜻蜓的情景。她想，小網可以網住蜻蜓，同樣也可以網住那些小棉團。於是她用了三年的時間，邊做邊想，邊想邊做。終於在經過無數次的反覆實驗之後取得了成功。這種小網掛在洗衣機內，那些雜物就清除掉了。由於它構造簡單，使用方便，成本低廉，受到大家的歡迎。當然她獲得了高額的專利費。你看，只要你留心觀察生活，它總會帶給你驚喜。

一個人潛在的創造力是一生享用不盡的財富，它可以使你戰勝任何困難。這些困難並不一定指你所犯的錯誤或者遭遇的挫折，它們還包括你不知道如何將事情納入正軌，或者如何解決的一些困難。多數時候，你知道如何解決汽車拋錨的問題，你也知道如何對付經理佈置的幾乎不可能按期完成的加班任務。所以說，你也具有創造能力，並且有可以把內心的夢想變爲現實的所有能力。

就此而言，創造力是一種最高的力量，或許你對這種力量沒有任何概念，但你卻會用到它。創新能力是所有人都具備的能力。只要學會細心觀察，慢慢地你就會發現世界上的事情總是在變，而能夠利用這種變化爲自己創造機會、創造成功的人，就會擁有閃亮的人生。那些被認爲是有創新能力的人所擁有的創造力其實僅比你多了一點點。

4 蠢事別做第二次

世界上沒有一個人能保證自己永遠不犯錯誤。對於社會中的每一個人來說，我們應當牢記的一個原則是：不要犯同樣的錯誤。正如那句諺語所說：「一隻狐狸不能以同一個陷阱捉牠兩次，驢子絕不會在同樣的地點摔倒兩次，只有傻瓜才會第二次跌進同一個池塘。」

任何人都難免犯錯誤，不犯錯誤的人是沒有的，聰明的人能夠記取上一次的教訓，爲防止下一次挫敗做好準備；愚蠢的人並不能這樣做，仍然在犯與第一次相同的錯誤。

所謂「吃一塹，長一智」，我們應該從錯誤中記取教訓，確保下一次不再有同樣的錯誤，人們不應該兩次走進同一條死胡同。

有一次，一個獵人捕獲了一隻能說一百種語言的鳥。

這隻鳥說：「放了我，我將告訴你三條忠告。」

獵人回答說：「先告訴我，我保證會放了你。」

鳥說道：「第一條忠告是：做事後不要後悔。

「第二條忠告是：如果有人告訴你一件事，你自己認為是不正確的就不要相信。

「第三條忠告是：當你爬不上去時，別費力去爬。」

講完這三條忠告之後，鳥對獵人說：「現在你該放了我吧。」獵人依照剛才所說的將鳥放了。

這隻鳥飛起後落在一棵高樹上，牠向獵人大聲叫道：「你放了我，你真愚蠢。你並不知道在我的嘴中有一顆十分珍貴的大珍珠，正是這顆珍珠使我這樣聰明。」

這個獵人很想再次捕獲這隻放飛的鳥，他跑到樹跟前並開始爬樹。但是當爬到一半的時候，他掉了下來並摔斷了雙腿。

鳥嘲笑他並向他叫道：「傻瓜！我剛才告訴你的忠告你全忘記了。我告訴你一旦做了一件事情就別後悔，而你卻後悔放了我。我告訴你如果有人對你講你認為是不可能的事，就別相信，但你卻相信像我這樣一隻小鳥的嘴中會有一顆很大的寶貴珍珠。我告訴你如果你爬不上某東西時，就別強迫自己去爬，而你卻追趕我並試圖爬上這棵大樹，還掉下去摔斷了你的雙腿。」

「這句箴言說的就是你：『對聰明人來說，一次教訓比蠢人受一百次鞭撻還深刻。』」

說完鳥就飛走了。

這則故事的寓意可謂深刻至極。同樣，無論是在生活中還是在工作中，我們經常聽到別人的忠告，有時自己也會對別人提出忠告。忠告一般都是從經驗教訓中總結出來的，目的就是爲了避免下一次的錯誤。因此，我們應該從自己成功與失敗的經歷中得出經驗教訓，然後根據實際情況靈活運用，避免犯同樣的錯誤。

一般人常因他人的批評而憤怒，有智慧的人卻想辦法從中學習。詩人惠特曼曾說：「你以爲只能向喜歡你、仰慕你、贊同你的人學習嗎？從反對你的人、批評你的人那兒，不是可以得到更多的教訓嗎？」

與其等待敵人來攻擊我們或我們的工作，倒不如自己先動手。我們可以是自己最嚴苛的批評家。在別人抓到我們的弱點之前，我們應該自己認清並處理這些弱點，及時完善自己雖然不能保證百戰百勝，但至少可以避免敵人用同樣的手法輕易地擊敗自己。

5 上帝存在於細節中

細節就像上帝一樣偉大，關注細節，就可以做自己的上帝，就可以擺脫平凡走向卓越。

一個墨點足可將白紙玷污，自身一個小小的細節亦會招致別人的厭惡。不要忽視細枝末節的危害性和殺傷力。俗話說，事無巨細，小事情包含著大智慧，把握細節，成功與你有約。天才就是注重細節的人，這就是他們與凡人的最大區別。

世界上最難懂的一個道理就是：最偉大的生命往往是由最細小的事物點點滴滴彙集而成的。絕大多數人很少能有機會遇到那種重大的轉折，很少有機會能夠開創宏偉的事業。而生活的溪流往往是由這些瑣碎的事情、無足輕重的事件以及那些過後不留一絲痕跡的細微經驗漸漸彙集成的，也正是它們才構成了生命的全部內涵。

一艘小船沉沒了，卻使華盛頓因此而生在了美國；一個礦工在挖井的偶然事故中發現了赫庫蘭尼姆古城遺址；航海、冒險中的一次大錯竟然發現了馬德拉群島……

十七世紀法國著名數學家和哲學家笛卡爾，在很長一段時間內，都在思考這樣一個有趣的問題：幾何圖形是形象的，代數方程是抽象的，能不能將這兩門學問統一起來，用幾何圖形來表示代數方程，用代數方程來解決幾何問題呢？

果真如此，既可以避免幾何學的過分注重證明的方法、技巧，不利於提高想像力；也可以避免代數學過分受法則和公式的束縛，影響思維的靈活性。二者的有機結合，將使幾何圖形的

「點、線、面」同代數方程的「數」聯繫起來。

為了能夠儘快地解決這一問題，他日思夜想，「為伊消得人憔悴」。

有一天早晨，笛卡爾睜開眼發現一隻蒼蠅正在天花板上爬動，他躺在床上耐心地看著，忽然頭腦中冒出這樣一個念頭：這隻來回爬動的蒼蠅不正是一個移動的「點」嗎？這牆和天花板不就是「面」，牆和天花板的連接的角不就是「線」嗎？蒼蠅這「點」距「線」和「面」的距離顯然是可以計算出來的。

笛卡爾想到這裡，情不自禁一躍而起，找來筆紙，迅速畫出三條相互垂直的線，用它表示兩堵牆與天花板相連接的角，又畫了一個點表示來回移動的蒼蠅，然後用X和Y分別代表蒼蠅到兩堵牆之間的距離，用Z來代表蒼蠅到天花板的距離。

後來笛卡爾對自己設計的這張形象直觀的「圖」進行反覆思考研究，終於形成這樣的認識：只要在圖上找到任何一點，都可以用一組資料來表示它與另外那三條數軸的數量關係。同時，只要有了任何一組像以上這樣的三個資料，也都可以在空間上找到一個點。這樣，數和形之間便穩定地建立了一一對應關係。

於是，數學領域中的一個重要分支——解析幾何學，在此基礎上創立了。他的這套數學理論體系，引發了數學史上的一場深刻革命，有效地解決了生產和科學技術上的許多難題，並為微積分的創立奠定了堅實的基礎。

通過天花板上蒼蠅來回爬動這種常見現象，笛卡爾竟然得到靈感創建了解析幾何，爲整個人類做出了傑出的貢獻。

但是，許多人卻認爲，偉人就是只做驚天動地的大事情的人。他們即使失敗也是倒在轟轟烈烈的錯誤面前。

那些對自己的本性毫無認識，永遠不屑於做細微之事的人，永遠成就不了任何大的功業。

要想工作不流於一般，人們應該學會在細節處下功夫。

有時候，公司老闆或業務員要出差，便會安排員工去買車票，這看似很簡單的一件事，卻可以反映出不同的人對工作的不同態度及工作能力上的差別，也可以大概推測出今後工作的前途。

有這樣兩位秘書，一位將車票買來，就那麼一大把地交上去，雜亂無章，易丟失，不易查清時刻；另一位卻將車票裝進一個大信封，並且，在信封上寫明列車車次、號位及啟程、到達時刻。後一位秘書是個細心人，雖然她只是注意了幾個細節處，只在信封上寫上幾個字，卻使人省事不少。

按照命令去買車票，這只是「一個平常人」的工作，但是一個會工作的人，一定會想到該怎麼做，要怎麼做，才會令人更滿意、更方便，這也就是用心，注意細節的問題了。

工作上細節不容忽視。注意細節所做出來的工作一定能抓住人心，雖然在當時無法引起人的注意，但久而久之，這種工作態度形成習慣後，一定會給你帶來巨大的收益。這種細心的工作態度，是由對一件工作重視的態度而產生的，對再細小的事也不掉以輕心，專注地去做才會產生。會成爲大人物的人，即使要他去收發室做整理信件的工作，他的做法也會跟別人有所不同。這種注重細微環節的態度，就是使自己的前途得以發展的保證。

一部名爲《細節》的小說，其題記爲：「大事留給上帝去抓吧，我們只能注意細節。」作者還借小說主人公的話做了註腳：「這世界上所有偉大的壯舉都不如生活在一個真實的細節裡來得有意義。」

“第六章”

拜託你
先做好你的本職工作吧

人生總是充滿了矛盾和缺憾，我們常常會發現，自己感興趣的職業，其發展空間有限；那些存在著巨大發展空間的行業卻往往並不適合自己。但是，畢竟我們的興趣是廣泛的，而且有許多潛能尚未被開發出來，社會能夠提供的職業空間也在不斷擴充。只要我們有足夠的耐心，就能在興趣、前途和適合自己的職業之間找到某種平衡。

1 投履歷前，先明確自己的價值觀

價值觀是人們希望獲得哪些結果的一種抽象說法。它揭示了人們看待工作或職業回報、薪酬或其他問題的不同態度。

各種職業都有自己的特性。不同的人對職業的特性可能有不同的評價和取向，這就是所謂的職業價值觀，也稱擇業觀。價值觀對人的一生有著重要的影響。作爲人們對待職業的一種信念和態度，職業價值觀往往決定了人們的職業期望，影響著人們對職業方向和職業目標的選擇。

職業生涯規劃中，我們常常需要做出這些選擇：是要工作舒適輕鬆，還是要高標準的工資待遇；要成就一番事業，還是要安穩太平。當兩者有矛盾衝突時，最終影響我們決策的是存在於內心的職業價值觀。可見，價值觀對職業生涯的影響是高層的、深遠的。

當你的價值觀和你的工作相吻合時，你會覺得自己的工作很有意義，反之，你會覺得缺少些什麼。而且這種失落感通常是金錢、權力、名譽等外在事物所不能彌補的。因此，我們選擇去留，看上去是爲了經濟利益，其實根本上是價值觀在起作用。

三個工人正在砌一堵牆。有人過來問他們：「你們在幹什麼呢？」

第一個人沒好氣地說：「沒看見嗎？在砌牆。」

第二個人抬頭笑了笑，說：「我們在蓋一座高樓。」

第三個人邊工作邊哼著歌曲，他的笑容很燦爛，很開心：「我們正在建設一個新的城市。」

十年後，第一個人在另一個工地砌牆；第二個人坐在辦公室裡繪圖紙，他成了工程師；第三個人呢，是前面兩個人的老闆。

同樣的工作，同樣的環境，因為價值觀不同，所以每個人產生了不同的感受，這也決定了他們未來的成就。這個故事告訴我們，一定要找到與自己價值觀相契合的職業，那樣你才能在工作中寄託自己的理想，從中實現自己的價值。

現實生活中，許多人都面臨著兩難困境：他們所從事的職業收入豐厚，但是卻痛恨自己所販賣的產品或提供的服務。這種人生價值和工作價值的衝突，使我們的身心和工作都受到了傷害。唯一的解決方式就是尋找一種職業，讓它與你所擁有的價值觀相互協調。如同公司需要長遠發展戰略一樣，個人也需要目光遠大，以便使我們的未來能夠保持平衡，擁有足夠的活力。

職業價值觀也叫工作價值觀，是價值觀在所從事的職業上的體現，或者在職業生涯中表現出來的一種價值取向。職業價值觀是個人對某項職業的價值判斷和希望從事某項職業的態度傾向，即個人對某項職業的希望、願望和嚮往。

職業價值觀表明了一個人通過工作想要追求的理想是什麼，是爲了財富，還是爲了地位或其他因素。不同的人有不同的價值觀念，而不同的價值觀念適合從事不同的職業或崗位。如果在制定職業生涯規劃選擇職業時，沒有考慮自己的價值觀念，選擇了不適合自己的職業，也就很難在這個崗位上工作下去，當然也就談不上事業發展的成功。因此，認真分析和瞭解自己的職業價值觀，對正確開展職業生涯規劃有重要的意義。

工作價值觀通常都是與某種職業緊密相連的，並且工作價值觀也可以作爲你和工作之間進行匹配的基礎。

你在確定職業方向時，可以進行以下測試：

請試著把下面六組進行排序，這可以幫你瞭解如何利用價值標準中的觀點，對職業的具體內容及要求進行分析。

成功

如果你的滿足感來自於「成功」這個價值，那麼你所從事的工作應該是你最擅長的，能讓你發揮最大的能力，或者是你曾經接受過專業培訓所要做的。在你的工作中，你會看到自己努力的成果。通過頻繁開發新專案、得到新獎勵，你會從中感受到成功的喜悅。

職業範例：生物學家、藥劑師、律師、主編、經濟學家、公務員。

認同

如果你的滿足感來自於「認同」這個價值，那麼你應該尋找那些有好的提升機會、好的聲望，並且有潛在的成爲領導的機會的工作。

職業範例：大學行政人員、音樂指揮、勞動關係專家、飛機調度員、製片人、技術指導、銷售經理。

獨立

如果你的滿足感來自於「獨立」這個價值，那麼你應該尋找的是那種靠你的主動性去完成的、能讓你自己做主的工作。

職業範例：政治學家、作家、有毒物質研究專家、ＩＴ經理、教育協調員、教練。

支持

如果你的滿足感來自於「支持」這個價值，那麼你要尋找的工作應該是那種成爲員工的有力後盾的公司，其主管的管理方式會讓員工覺得很舒服。那種公司應該以其令人滿意的公平的管理體制而著稱。

職業範例：保險代理人、測量技師、變壓器修理工、化學工程技師、公益事業經理、防輻射專家。

工作條件

如果你的滿足感來自於「工作條件」這個價值，那麼在找工作的時候，你應該考慮薪水、工作穩定性，以及良好的工作環境。另外，找工作的時候還要考慮它是否與你的工作模式相適合。比如，你是喜歡整天忙碌，還是喜歡獨立工作，又或者喜歡每天都可以做很多不同的事情。

職業範例：保險精算師、按摩師、打字員、心理輔導師、法官、會計師、預算分析員。

人際關係

如果你的滿足感來自於「人際關係」這個價值，那麼你應該尋找那種同事很友好的工作。這種工作能讓你為別人提供服務，不需要你做任何違背你的是非觀的事情。

職業範例：人力資源經理、語言教師、牙科醫生、牙齒矯正醫師、公共健康教師、運動培訓師。

總之，我們的價值觀決定了我們的生活態度，從而決定了我們的職業取向並導致我們做出各種的職業選擇，這種選擇決定我們的職業狀況，從而決定了我們的生活方式，這種生活方式又最後決定了我們的人生幸福感。

2 「導演」自己的職業生涯

凡事預則立，不預則廢。職業是個人發展的生命線，現代社會許多人在求職時，最容易犯的錯誤便是不知道自己能幹什麼，也不清楚自己真正想做什麼，在尋找工作時，只是「爲了尋找而尋找」，在現實的打擊之下，這樣的人在多年後往往會失去最初的雄心壯志。

一個男孩子在十二歲時便成為了家中的「專業攝影師」，他首先是使用八釐米攝影機對家人的生活進行記錄，在發現其中的樂趣之後，便立即開始試用各種特殊效果，在家人的配合下，他開始進行故事情節編排，並自己搞起了剪輯與配音。

十五歲時，他正式告訴自己，未來要成為一名大導演。當年，他完成了一部四十分鐘的作品──《無處可逃》，來紀念自己理想的樹立。

十七歲那年，他開始為未來正式鋪路。在到一家電影製片廠參觀之後，他為自己立下新的目標：拍出最好看的電影。第二天，他穿了一套西裝，提著父親的公事包，裡面放了一塊三明治作為午餐，再次來到了製片廠。在騙過了警衛後，他在一輛廢棄的手推車上，使用塑膠字母拼出了「史蒂芬．史匹柏導演」的字樣。

之後，他利用所有的閒暇時間去認識各類導演、編劇，並整天以一個導演的標準來要求自己。在與他人的交談過程中，他開始對電影業產生了新的認識。

二十歲那年，他正式成為了一名真正意義上的電影導演，開始了自己大導演的職業生涯。

一九七五年，他的作品《大白鯊》正式上映。

隨後《第三類接觸》《ＥＴ》的出產，讓他成為了全球一流的電影導演。

一九九四年，在第六十六屆奧斯卡頒獎晚會上，他的作品《侏羅紀公園》《辛德勒的名單》包攬了九項大獎。

他便是國際知名導演——史蒂芬·史匹柏。多年來，他一直在按照夢想的途徑鋪就自己的人生。

投身一個職業就如同航海一般，需要明確前進的路徑與方向，失去了方向，個人將會在不知所措的奮鬥中感到疲憊，從而失去動力。而一旦擁有了明確的方向，便能夠集中所有的精力與優勢，使用各種方法、策略與手段，孜孜以求地去實現既定的目標。

職業規劃的重要性在於，它會使人形成心理上的「路徑依賴」：

行駛在路上的汽車若突然剎車，往往會在慣性的作用下繼續前進，隨後才會慢慢停止。「路徑依賴」表面上就類似於物理學中的「慣性」一般，一旦進入了某一路徑中，便會對該路徑產生依賴。職場同樣如此，一旦你真正做出了某種選擇，就如同走向了不歸之路一般，慣性的力量會讓你的自我選擇不斷強化，從而真正有機會去以長期不斷的努力走向夢想實現的輝煌時刻。

但事實上，大部分人在面對職業規劃時，都不明白自己到底想要什麼，他們根本沒有意識到進行職業規劃的重要性。在有關未來命運的工作選擇上，他們花費的精力甚至還不如購買一件當季流行服飾多，他們的人生由於毫無方向可言，其結果也往往可想而知。

當你真正下定決心爲自己做好職業規劃時，你便已經在使用理性的頭腦爲自己設置通往夢想的路徑了，而這一路徑將會指引你一步步地實現夢想。

對自我需求進行分析

你可以按以下兩種方法來進行自我需求分析：

開動腦筋，寫下你認爲未來五年間有必要去做的十件事情，並儘量保證在不局限自我、不顧慮太多的情況下讓內容更確切。

填充這一句式：「在我死去時，若我……我將毫無遺憾」，想像一下這一場景，你便能清楚地知道，怎樣的成就會讓你獲得心靈上的滿足。

3 下棋找高手，弄斧到班門

在求職過程中，你不僅應該是一個偉大的製造商，善於生產社會最需要的產品，而且還應該是一個偉大的推銷員，善於使人認識和接受自己的產品，把自己「推銷」出去。

常言道：「勇猛的老鷹，通常都把牠們尖利的爪牙露在外面。」巧妙而適度地推薦自己，是變消極等待為積極爭取、加快自我實現的不可忽視的手段。精明的生意人，想把自己的商品推銷出去，總得先吸引顧客的注意，讓他們知道商品的價值。

要想恰如其分地推銷自己，就應當學會展示自己，最大限度地表現出自己的優勢。給人生的每個階段一個合理的定位，然後信心十足地為自己創造全方位展示才能的機會。

但是，毛遂自薦對很多人來說並不是一件容易的事情，這是需要一定的膽識和勇氣的。不自信的人、害怕失敗的人是不敢嘗試的，只有具備勇氣的人才能獲得成功。

世界著名三大男高音之一帕華洛帝到中國來的時候，要去北京中央音樂學院做訪問。學生都在爭取機會，以求在這位男高音面前一展歌喉。要知道，這可是一個難得的機會，哪怕是得到他的一句肯定，也足以引起中外記者們的大力宣傳，從而加快自己在歌壇的發展。

在學院的一間教室裡，帕華洛帝正耐心地聽學生演唱，不置可否。正在沉悶之時，窗外有一男生引吭高歌，唱的正是名曲《公主徹夜未眠》。

聽到窗外的歌聲，帕華洛帝的眉頭舒展開了：「這個學生的聲音像我。」接著他又對校方陪同人員說：「這個學生叫什麼名字？我要見他！並收他做我的學生！」

這個在窗外唱歌的男孩就是從陝北山區來的學生黑海濤。以他的資歷和背景，難以有機會當面見到帕華洛帝，他只能憑藉歌聲推薦自己。後來，在帕華洛帝的親自安排下，黑海濤得以順利出國深造。

一九九八年，義大利舉行世界聲樂大賽，正在奧地利學習的黑海濤又寫信給帕華洛帝。於是，帕華洛帝親自給義大利總統寫信，推薦他參加音樂大賽，黑海濤在那次大賽上獲得名次。

黑海濤憑著他那敢於推薦自己的勇氣和不斷努力的精神，在他的音樂道路上取得了非凡的成就，現在黑海濤是奧地利皇家歌劇院的首席歌唱家。

這似乎是一個奇蹟，但這個成功的例子也足以讓一些懷才不遇的人沉思：機遇稍縱即逝，善於推薦自己很關鍵。著名數學家華羅庚也曾說過：「下棋找高手，弄斧到班門。」他認為，應敢於在能人面前表現自己，敢於和高手「試比高」。當他在鄉鎮小店裡自學時，就敢於對大數學家蘇家駒的理論提出質疑。正是憑藉這種可貴的精神，使他早早闖進了「數學王國」的神秘宮殿。

機會可遇不可求，機會在很多時候是由我們主動爭取的，那些不敢也不願意推薦自己的人，往往會與機會失之交臂。所以，如果你是一個真正有才華有特長的人，關鍵的時候大可不必過分「壓制」自己，要適時地進行自我推薦，以求得發展的機遇。

4 用上司的心態對待你的工作

有這樣一個故事：

主人公是一個貴族，他要出門到遠方去。臨行前，他把三個僕人召集起來，按著各人的才幹，給他們銀子。後來，這個貴族回來了，他把僕人叫到身邊，瞭解他們經商的情況。

第一個僕人說：「主人，您交給我五千兩銀子，我已用它賺了五千兩。」

主人聽了很高興，讚賞地說：「善良的僕人，你既然在賺錢的事上對我很忠誠，又這樣有才能，我要把許多事派給你管理。」

第二個僕人接著說：「主人，您交給我的兩千兩銀子，我已用它賺了一千兩。」

主人也很高興，讚賞這個僕人說：「我可以把一些事交給你管理。」

第三個僕人來到主人面前，打開包得整整齊齊的手絹說：「尊敬的主人，看哪，您的一千兩銀子還在這裡。我把它埋在地裡，聽說你回來，就把它掘出來了。」

主人的臉色沉了下來：「你這個又惡又懶的僕人，你浪費了我的錢！」於是拿回他這一千兩銀子，給那個已經有一千兩銀子的僕人，並說：「凡是有的還要加給他；沒有的，連他所有的也要奪過來。」

這個僕人認爲自己會得到主人的讚賞，因爲他沒有丟失主人給他的一千兩銀子。在他看來，雖然沒有使用金錢增值，但也沒有丟失，就算完成主人交代的任務了。然而他的主人卻並不這麼認爲。他不想讓自己的僕人順其自然，而是希望他們表現得更傑出一些。他想讓他們超越平庸，其中兩個做到了——他們站在上司的角度上，想上司所想，把賦予自己的東西增值了，只有那個愚蠢的僕人得過且過。

同上司一同成長，不是毫無目的地跟隨上司。

優秀員工的標準是不僅自己執行成功，還幫助上司執行成功，同上司一起行事，一同完成任務。

幫助上司走向成功有許多方式，但不是拍馬屁。

這些難題也許不是你的分內工作，可是這些難題的存在卻阻礙著團隊的前進，如果你能夠幫助上司解決這難題，無疑，你在成功的路上會進展得更快。

與此恰恰相反，很多人認爲，公司是上司的，我只是替別人工作。工作得再多，再出色，得好處的還是上司，於我何益。存有這種想法的人很容易成爲「按鈕」式的員工，天天按部就班地工作，缺乏活力，有的甚至趁上司不在沒完沒了地打私人電話或無所事事地遐想。這種想法和做法無異於在浪費自己的生命，甚至是自毀前程。

怎樣才能夠把自己當作公司上司的想法表現於行動呢？那就是要比上司更積極主動地工作，對自己所作所爲的結果負起責任，並且持續不斷地尋找解決問題的辦法。照這樣堅持下去，你的表現便能達到嶄新的境界，爲此你必須全力以赴。

比上司工作的時間還要長

不要認爲上司整天只是打打電話、喝喝咖啡而已。實際上，他們只要清醒著，頭腦中就會思考著公司的行動方向。一天十幾個小時的工作時間並不少見，所以不要吝惜自己的私人時間，一到下班時間就率先衝出去的員工不會得到上司喜歡的，即使你的付出得不到什麼回報，也不要斤斤計較。

除了自己分內的工作之外，儘量找機會爲公司做出更大的貢獻，讓公司覺得你物超所值。比如：下班之後還繼續在工作崗位上努力，盡力尋找機會增加自己的價值，儘量彰顯自己的重要性，使自己不在工作崗位上的時候，公司的運作顯得很難進行。

搶先思考

任何工作都存在改進的可能，搶先在上司提出問題之前，已經把答案奉上的行動是最得上司之心的，因爲只有這樣的職員才真正能減輕上司的精神負擔。工作交到上司手上後，他就不用再爲此佔用大腦，可以騰出空間來思考別的事情了。

事實上，能夠做到這一點的人並不多。也許可以說，能長期有本事跟上司在工作上競賽，而且有本事把對方擊敗的，也差不多可以夠得上資格當上司了。

爲此，要成爲上司的心腹，即使不能每一次都比上司反應得快，但最低限度要有一半以上的次數不要讓他比下去。上司在知道你不是他的對手時，就很自然地會對你信任起來，此所謂「識英雄者重英雄」，再棒的上司都需要有人才在身邊的。

什麼樣的心態將決定我們過什麼樣的生活。當你具備了上司的心態，你就會去考慮企業的成長，就會去考慮企業的明天，就會感覺到企業的事情就是自己的事情，就知道什麼是自己應該去做的、什麼是自己不應該去做的，就會像上司一樣去思考，就會像上司一樣去行動。

唯有心態端正了，你才會感覺到自己的存在；

唯有心態端正了，你才會感覺到生活與工作的快樂；

唯有心態端正了，你才會感覺到自己所做的一切都是那麼理所當然。

以上司的心態對待公司的人，不管他從事什麼樣的工作，都會比那些只具備打工者心態的人更容易走向成功。

5 成為你自己，做個「好用」的人

一個企業，如果沒有自己的拳頭產品，不能佔據一定的市場份額，沒有跟得上時代步伐的核心技術，必難以生存下去，最終必走向滅亡。一個員工，如果沒有自己的專長，沒有老闆需要的核心技能，沒有公司需要的價值，不能跟上職場發展的需要，則很容易被邊緣化。

在競爭激烈的市場中，每個企業都要有自己的獨特優勢，這樣才能在大浪淘沙、優勝劣汰的競爭環境中取勝。同樣，作爲一名員工，要想做到不可替代，要想成爲老闆眼裡的紅人，要想從職場跑龍套的向職場主角轉變，也應該打造自己的核心優勢。

十五世紀末文藝復興時期，歐洲開始湧現一批著名的藝術家，他們在建築、繪畫、雕刻、音樂等方面創造了不朽的名作，當時，能否出人頭地，一切都在於藝術家本人能否找到一個好的贊助人。

米開朗基羅以其優秀的「硬體」被教皇朱里十二世選為贊助對象，負責教堂的壁畫設計及繪製。一次，在關於大理石柱的雕刻問題上，兩人產生了嚴重的意見分歧，米開朗基羅覺得自己的作品沒有得到教皇的充分重視，憤怒之下揚言要離開羅馬。

很多人都為米開朗基羅冒犯了教皇而擔憂，所有人都不願看到他因一時的衝動自毀前程。然而，事實恰恰相反，教皇非但沒有懲罰米開朗基羅，還極力請求他留下來，因為教皇清楚地知道，像米開朗基羅這樣的天才藝術家不乏贊助者贊助，而他卻無法找到另一位米開朗基羅。

米開朗基羅在設計和繪畫方面的優勢無可替代，決定了他在教皇心中的地位堅不可摧。

職場中亦是如此，讓一切在自己的掌控之中，讓自己的技能無可取代，自然就會受到上司的器重，使自己立於不敗之地。

聽過一個著名的故事：日本東京一家貿易公司與德國一家公司有貿易往來，德國公司的經理經常需要買東京到大阪之間的火車票。不久，這位經理發現一件趣事：每次去大阪時，座位總在右窗，返回時又總在左窗邊。

經理詢問日本公司的購票小姐其中的緣故，她笑答道：「車去大阪時，富士山在您右邊；返回東京時，富士山已到了您的左邊。我想外國人都喜歡富士山的壯麗景色，所以我替您買了不同的車票。」

就是這種不起眼的細心事，使這位德國經理十分感動，促使他將對這家日本公司的貿易額由四百萬馬克提高到一千兩百萬馬克。他認為：在這樣一件微不足道的小事上，這家公司的職員都能夠想得這麼周到，那麼，跟他們做生意還有什麼不放心的呢？

這個了不起的職員有什麼優勢呢？只有細心而已。

優勢的概念是非常寬泛的，它並不一定是一種解決工作難題的能力或掌握某個非常複雜的技術，也可以是生活上的某些特長，比如說有的人很擅長唱歌，有的人很擅長調節氣氛等。或者是同一件事，其他人不會，你會，其他人會一點，你會很多，其他人會很多、你可以做得更精緻更完美……只要主動開發經營，人人都可以找到自己的優勢。只有經營好自己的優勢，才能打造出真正的核心競爭力，才會取得成功。

在職場上，與其費盡心思地去改善自己的劣勢，還不如努力把自己的優勢發揮到極致——「你要讓自己成爲一個『好用』的人！」

“第七章”

停止折磨自己
生活從來不會一蹴而就

有位作家說的一段話很有道理：「自己把自己說服，是一種理智的勝利；自己被自己感動了，是一種心靈的昇華；自己把自己征服了，是一種人生的成熟。」把自己說服了、感動了、征服了，人生還有什麼樣的挫折、痛苦、不幸不能被我們征服呢？

1 一口吃不成胖子，只會消化不良

渴望成功的心態誰都能理解，但是你要明白，成就一番事業並不容易，不要一開始就盯著成功不放，做事若急於求成，就會像饑餓的人乍看到食物，狼吞虎嚥地吞食，反而會引起消化不良。

虛塵禪師以佛法度眾，為人謙厚，深得民眾擁戴，他每每開壇講法，都聽者眾多。

有一天，一位商人向虛塵禪師發火：「我聽了你的弘法後，誠信經營，薄利多銷，顧客在逐漸增多，但為什麼我的收入還是不能增加呢？」

禪師不急不躁，他微笑著對這位商人說：「有一顆蘋果樹，它接受了陽光、雨露、養料，春天花開，夏天結果，秋天成熟。成熟的時候，並非所有的蘋果都會同時成熟。有些蘋果早已熟透了，而有的蘋果依舊青青待熟，並非它不會成熟，只是時間還沒有到而已。」

商人醒悟過來，他明白要想有大成就要慢慢積累。向禪師道歉後，他離開了寺院。

一年後，虛塵禪師收到這位商人的一個大紅包。他在信中說自己的生意紅紅火火，以致沒有時間親自到寺院致謝，只好托人送禮以表謝意。

太想贏的人，最後往往很難贏。太想成功的人，往往很難成功，太想到達目標的人，往往不容易到達目標，過於注意就是盲，欲速則往往不達，凡事不可急於求成。

相反，以淡定的心態對之、處之、行之，以堅持恒久的姿態努力攀登，努力進取，成功的機率卻會大大增加。

急於求成的結果，只能適得其反，結果只能功虧一簣。「揠苗助長」的故事中，農夫急功近利，反而適得其反，使他的苗全部死了，留下一個流傳千古的笑話。許多事業都必須有一個痛苦掙扎、奮鬥的過程，正是這個過程將你鍛煉得無比堅強並成熟起來。朱熹說：「寧詳毋略，寧近毋遠，寧下毋高，寧拙毋巧。」對「欲速則不達」做了最好的詮釋。

2 在低起點上勝出，才是成功的捷徑

在這個社會，越來越多的人自命不凡，爲了滿足虛榮心，他們迫切地想用一些實際的東西來證明自己的能力。比如，找一份好工作，這對於那些名牌大學畢業的學生來說，是一個必須要抓住的機會。否則，別人就會說，看，那個名牌大學的畢業生去的公司還沒有我們那個公司大呢？多沒面子。

所以，他們的姿態永遠都是趾高氣揚的，他們一點都不肯示弱，恨不得把自己的弱項也變成強項，爲了給自己賣個好價錢，他們甚至不惜誇大自己的各種能力。

但是結果又常常不如人願，你比別人強，還有比你更強的，你本科畢業，比那些專科畢業生有優勢，可是站在你後面的還有研究生，研究生後面還有博士生……總之，山外有山，樓外有樓，在強者如雲的隊伍裡，要想勝出談何容易啊。

這時候，不妨進行逆向思考，在大家都在向高處擁擠的時候，你何不放下身架，以低姿態示人？

關鍵是如果你能放下身架，你的競爭對手就不再是那些一個比一個自命不凡的強者，更多的是那些踏實、謙虛的專科生或者本科生。

只要你是金子，在哪裡都會發光的，但是若是在一大堆金子中發光，很難有人發現你，但是你若在一片石子中發光，那麼別人一眼就能看到你。

有一位博士在找工作時，被許多家公司拒之門外，萬般無奈之下，博士決定換一種方法試試。他收起所有的學位證明，以一種最低的身分再去求職。

不久，他被一家電腦公司錄用，做一名最基層的程式錄入員。沒過多久，公司就發現他才華出眾，竟然能指出程式中的錯誤，這絕非一般錄入員所能比的，這時，博士亮出了自己的學士證書，老闆於是給他調換了一個與本科畢業生對口的工作。

過了一段時間，老闆發現他在新的崗位上也遊刃有餘，能提出不少有價值的建議，這比一般大學生高明，這時博士亮出自己的碩士身分，老闆又提升了他。

有了前兩次的事情，老闆也比較注意觀察他，發現他還是比碩士有水準，就再次找他談話，這時博士拿出博士學位證明，並說明了自己這樣做的原因，老闆恍然大悟，毫不猶豫地重用了他。

可見，學會在適當的時候，保持適當的低姿態，絕不是懦弱的表現，而是一種智慧。放低姿態既是一種態度也是一種作爲，學習謙恭，學習禮讓，學習螺旋式上升，這既是一種人生的品位也是一種境界，讓我們腳踏實地地攀上成功的階梯。

以低姿態出現只是一種表像，一是爲了讓自己脫離那個所謂強者如雲的舞臺，置身於一個更容易引人注目的位置。二是這種低調的姿態可以讓對方從心理上感到一種滿足，使他願意與你合作。

實際上越是表面謙虛的人，越是非常聰明的人，越是工作認真的人。所以，對任何一個人來說，學會在適當的時候，保持適當的低姿態，絕不是懦弱的表現，而是一種放得下的大智慧。

3 生活本不易，你居然還和自己過不去？

生活中苦惱總是有的，有時人生的苦惱，不在於自己獲得多少，擁有多少，而是因爲自己想得到更多。而自己的能力卻很難達到，所以我們便感到失望與不滿。然後，我們就自己折磨自己，說自己「太笨」「不爭氣」等等，就這樣經常自己和自己過不去。

世界上太多的人悲歎生活的艱辛，只有極少數人能在有限的生命中活出自己的快樂。一個人快樂與否，其實和他的生存環境關係不大，而是主要取決於如何善待自己的心態。

生活本已不易，再自己給自己想像很多煩惱，豈不是自己跟自己爲難？

要知道，煩惱是一把搖椅，你一旦坐上去，它就會一直搖呀搖，總也停不下來。如果你跳下來，它自己也就不會再搖了。

一個心理學家做了一個很有意思的實驗：他要求一群實驗者週末晚上把未來七天會煩惱的事情都寫下來，然後投入一個大型的煩惱箱中。第三周的星期日，他在實驗者面前打開這個箱子，與成員逐一核對每項煩惱，結果發現其中百分之九十的擔憂並沒有真正發生。

接著，他又要大家把那些真正發生的百分之十的煩惱重新丟入紙箱中。等過了三周，再來尋找解決之道。結果到了那一天，他開箱後，發現剩下的百分之十的煩惱已經不再是那些實驗者的煩惱了，因爲他們有能力應付。

原來煩惱是自己找來的，這就是所謂的自找麻煩。據統計，一般人的憂慮有百分之四十屬於過去，有百分之五十屬於未來，而百分之九十二的憂慮從未發生過，而剩下的百分之八是能夠輕鬆應付的。

每個人都有七情六欲和喜怒哀樂，煩惱也是人之常情，是人人避免不了的。但是，由於每個人對待煩惱的態度不同，所以煩惱對人的影響也不同。

有一個人以為自己得了癌症，便跑去看醫生。

醫生問他：「你覺得哪裡不舒服？」

他回答：「我好像沒哪兒不舒服。」

醫生又問：「你感覺身體哪裡疼？」

他說：「感覺不到疼。」

醫生又問：「你最近體重有沒有減輕？」

他說：「沒有。」

「那你為什麼覺得自己得了癌症？」醫生忍不住這麼問他。

他說：「書上說癌症的初期毫無症狀，我正是如此啊！」

佛蘭克林．皮爾斯．亞當斯曾以失眠作比喻。他說：「失眠者睡不著，因爲他們擔心會失眠，而他們之所以擔心，正因爲他們不睡覺。」

馬克．吐溫晚年時感歎道：「我的一生大多在憂慮一些從未發生過的事，沒有任何行爲比無中生有的憂愁更愚蠢了。」

凡事別跟自己過不去，要知道，每個人都有這樣或那樣的缺陷，世界上沒有完美的人。這樣想，不是爲自己開脫，而是爲了保證心靈不會被擠壓得支離破碎，爲了永遠保持對生活的美好認識和執著追求。

別跟自己過不去，是一種精神的解脫，它會促使我們從容走自己選擇的路，做自己喜歡的事。

真的，假如我們不痛快，要善於原諒自己，這樣心裡就會少一點陰影。這既是對自己的愛護，也是對生命的珍惜。

有人問古希臘大學問家安提司泰尼：「你從哲學中獲得了什麼

呢？」他回答說：「同自己談話的能力。」

同自己談話，就是發現自己，發現另一個更加真實的自己。

法國大文豪雨果曾經說過：「人生是由一連串無聊的符號組成的。」的確，我們生活中的大多數時光都在很普通的日子裡度過，有時，看似很正常的生活，感受上卻似走進生活的誤區。有點兒渾噩，有點兒疲憊，有點兒茫然，有點兒怨恨，有點兒期盼，有點兒幻想，總之，就是被一些莫名其妙的情緒、感受佔據了內心的思想、生活，而懶得去理清。

於是，我們總是在冥冥之中希望有一個天底下最瞭解自己的人，能夠在大千世界中坐下來靜靜傾聽自己心靈的訴說，能夠在熙來攘往的人群中爲我們開闢一方心靈的淨土。可「萬般心事付瑤琴，弦斷有誰聽」？

其實，我們不就是自己最好的知音嗎？世界上還有誰，能比自己更瞭解自己的呢？還有誰能比自己更保守自己的秘密呢？當你煩躁、無聊的時候，不妨和自己對對話，讓心靈退入自己的靈魂中，使自己與自己親密接觸，靜下心來聆聽來自心靈的聲音，問問自己：我爲何煩惱？爲何不快？滿意這樣的生活嗎？我的待人處世錯在哪裡？我是不是還要追求工作上的成就？生命如果這樣走完，我會不會有遺憾？我讓生活壓垮或埋沒了沒有？人生至此，我得到了什麼、失去了什麼？我還想追求什麼……

這樣，在自己的天地裡，你可以慢慢修復自己受傷的尊嚴，可以毫無顧忌地「得意」，可以深刻地剖析自己。你還可以說服自己、感動自己、征服自己。有位作家說的一段話很有道理：「自己把自己說服，是一種理智的勝利；自己被自己感動了，是一種心靈的昇華；自己把自己征服了，是一種人生的成熟。」把自己說服了、感動了、征服了，人生還有什麼樣的挫折、痛苦、不幸不能被我們征服呢？

4 收起你那顆癡迷完美的心

在人生中，無論是對待工作、事業，還是對待自己、他人，我們不妨做一個適度的妥協主義者，而不要做一個完美主義者。因爲完美主義者有可能什麼事情也沒有做成，而妥協者卻會多多少少有些進展。

每個人身上都有或多或少的缺點，勇敢的人往往缺少智慧，聰明的人往往缺少勇氣，豪爽的人往往心思過疏，謹慎的人往往懷疑過頭，等等。一種陽光性格的另一面必然是陰影，所以，我們應做一個適度的妥協主義者。

在我們的周圍，有這樣一些人，他們的智力很高，才智過人，工作能力也很不錯，而且又非常勤奮，一旦工作起來常常什麼都有可能忘了。但是，他們就是出不了什麼成果，眼看著比他們在各方面都差一些的人成果都十分顯著了，而他們卻依舊默默無聞。

一般來講，這種人都是「完美主義者」。

你可能要問：「完美主義」不好嗎？回答是：不好。如前所說，這些人之所以不能取得成績，不能取得人生的成功，不是他們缺少能力，而是他們在做任何事情之前，都不能克服自己追求完美的癡情與衝動。

他們想把事情做到盡善盡美，這當然是可取的，但他們在做一件事情之前，總是想使客觀條件和自己的能力也達到盡善盡美的完美程度，然後才會去做。因而，這些人的人生始終處於一種等待的狀態。他們沒有做成一件事情，不是他們不想去做，而是他們一直等待所有的條件成熟，於是，他們就在等待完美中度過了自己不夠完美的人生。

馬明就是一個追求完美的人。一天，他想寫一篇某一方面的論文，在開始寫論文之前，他嘗試了幾種、十幾種乃至幾十種方案之後才動手去寫那篇論文。

這麼做當然是好的，因為他可以在比較之中找到一種最佳的方案。但是，在開始寫的時候，他又發現他所選擇的那種方案依然有些地方不夠完美，多多少少還存在著一些錯誤和缺點。於是，他又將這種方案重新擱置起來，繼續去尋找他認為的「絕對完美」的新方案，或者，將這一論文的選題又放下，去想別的事情。最終，那篇論文也沒能完成。

實際上，這個世界上沒有什麼東西是「絕對完美」的，馬明要尋找這種東西是不可能的。這種人總是不願出現任何一種失誤，擔心因此而損害自己的名譽。所以，他的一生都在尋找的煩惱中度過，結果什麼事情也沒能做成。

如果你不相信這一點，你可以從你的人生檔案中試著找出自己拖延著沒有做的事情、沒有完成的項目或者課題。這樣的事情你可能也會找出一大堆：搬了新家窗簾還沒有裝，所以沒有請朋友來家裡玩；這支現價三十元的股票原想等掉到五塊錢再買，但它一直掉不到五塊錢，等等。

總結一下你會發現，你一直在等待所謂的條件完全具備，好將事情做得盡善盡美。可是，你會發現在社會上，面對同樣的事情有些人的方案或者條件還不如你的成熟，但他們的成果已經問世，甚至已經賺了一大筆錢，而造成這種狀況的原因就是你患上了「完美主義」的毛病。

這就可以解釋，爲什麼會有那麼多表面看起來相當精明能幹的人，到頭來卻一事無成，在人生的道路上坎坷頗多，甚至進退維谷。

在人生中，無論是對待工作、事業，還是對待自己、他人，我們不妨做一個適度的妥協主義者，而不要做一個完美主義者。因爲完美主義者有可能什麼事情也沒有做成，而妥協者卻會多多少少有些進展。

5 有一個檸檬，就用它做一杯檸檬水

你痛苦過嗎？我們每個人都經歷過痛苦，它往往給了我們很多警示。小時候，一次不小心打翻了水瓶燙傷了自己，從此知道了開水可不是好玩的；上學時，因頂撞老師而受到重罰，從此懂得了要想別人尊重你首先要學會尊重別人；工作時，因自己的過失給公司造成重大損失而被炒魷魚，從此明白了機會永遠是留給準備充分的人。痛苦並不可怕，可怕的是爲這些遺憾而難過。

德國哲學家尼采曾經說過：「不僅要在必要的情況下忍受一切痛苦，而且還要喜愛一切痛苦，因爲痛苦是人生前進的動力。」我們的人生始終與痛苦相伴，因爲有了痛苦這樣最好的老師，我們才會從一個懦弱的人變成一個堅強的人。堅強的人把痛苦當作動力，去尋找快樂的彼岸；而懦弱的人會在抱怨痛苦的深淵中沉淪，從此與快樂絕緣。

許多偉大的成功者的人生都銘刻著「痛苦」兩個字。他們之中有非常多的人之所以能成功，是因爲他們在此之前遭遇過某種巨大的痛苦，促使他們加倍地努力而得到更多的報償。正如威廉・詹姆斯所說的：「我們的痛苦對我們是一種持久的幫助。」

如果你是個有夢想的人，而且你已經踏上了追求的人生之途，那你就應該學著去體驗痛苦。你也許會說：「我再不需要痛苦，我體驗的痛苦已經夠多的了。」

在你追求的人生之旅中，你要試著去做不幸者的朋友，打開你的視野，讓你渺小的心靈深刻懂得他人的痛苦是多種多樣的，在你這種痛苦之外有著千百種痛苦。有疾病的痛苦，有衰老的痛苦，有失去孩子的痛苦，有失去母親的痛苦，有失敗的痛苦，有被朋友出賣的痛苦，有孤獨的痛苦，有無人訴說的痛苦……

當你漸漸領略了許多種痛苦後，你的頭腦要有一條清晰的思維，你不能被這些痛苦嚇倒，你要懂得痛苦是快樂的源泉，是推動你前進的人生動力。

在美國，「鑽石大王」彼得森和他的「特色戒指公司」幾乎無人不知，無人不曉。彼得森從十六歲給珠寶商當學徒開始，白手起家，經歷了令人難以想像的艱辛，最後一躍而成為享譽世界的「鑽石大王」。

一九〇八年，亨利·彼得森誕生於倫敦一個猶太人家庭。幼年時父親便撒手人寰，家庭生活的重擔落在了母親柔弱的肩上。迫於生計的壓力，母親攜彼得森移居紐約謀生。在他十四歲時，作為全家生活支撐的母親也因勞累過度一病不起，亨利不得不結束半工半讀的學習生涯，到社會上做工賺錢，肩負起家庭生活的沉重負擔。

當亨利十六歲的時候，他來到紐約一家小有名氣的珠寶店當學徒。這家珠寶店的老闆猶太人卡辛，是紐約最好的珠寶工匠之一。作為一個珠寶商，他在紐約上層社會的達官貴人和公子小姐中頗有聲譽，他們對卡辛的名字就像對好萊塢電影明星一樣熟悉。卡辛手藝超群，凡經過他親手鑲嵌的首飾都能贏得人們的讚譽並賣到很高的價錢。

但是卡辛作為珠寶店的老闆，又是一個目中無人、言語刻薄的「暴君」。他對學徒的嚴厲簡直到了暴虐的程度，珠寶店的學徒在他面前無不躡手躡腳、謹慎從事，唯恐自己的疏忽和過錯惹怒了這個喜怒無常的老闆。

對於珠寶尤其是鑽石的生產而言，最艱苦、最難以掌握的基本功莫過於鑿石頭。

亨利上班的第一天，卡辛就安排他練習鑿石頭，就這樣開始了他煉獄般的學徒生涯。根據卡辛的「教誨」，一塊拳頭大小的石頭，要用手錘和斧子打成十塊尺寸相同的小石塊，並規定不幹完不許吃飯。亨利從沒幹過這種活，看著這一塊石頭發呆良久，不知如何下手。但是他別無選擇，只得硬著頭皮幹。他先把大石頭劈成十小塊，然後以十塊中最小的那塊為標準，慢慢雕鑿其他九塊。雖說石頭質地不是特別堅硬，但是層次非常分明，稍不小心就會把石頭鑿下一大塊而前功盡棄，招來老闆的嚴厲呵斥。

後來據亨利講，儘管老闆非常苛刻，但也是為了讓他們早日掌握打造石頭的要領，因為對於鑽石生產而言，打造石頭是來不得半點含糊的基本功。老闆也是借此來考驗學徒們的意志，因為如果過不了這一關，是永遠也不能成為成功鑽石商人的。

學徒工作第一天下來，亨利腰痠背痛，四肢發軟，眼睛發脹，但依然沒能完成老闆的任務。但是後來成就了事業的亨利·彼得森對於卡辛還是充滿了感激之情，說如果沒有卡辛的嚴厲要求，他絕對不會成為一個成功的鑽石商人。

以後的數天裡，他簡直變成了一台麻木的機器在那裡機械地運轉，整日揮汗如雨地劈鑿。

母親看著孩子日漸消瘦的面容和血跡斑斑的雙手，實在不忍心讓孩子受這種委屈與折磨。但她知道對於窮人家的孩子，除了靠吃苦謀生外別無選擇。在母親的感召下，亨利也別無選擇，並且在心裡燃燒起強烈的成功欲望。他相信自己受一些苦難與委屈，最終是能夠學到這門手藝。

萬事開頭難，自己開店也不是件容易的事。雖然要求不高，只要有一張工作臺就可以了，但是在房租昂貴的紐約找一塊地方又談何容易？關鍵時刻，還是有著互助意識的猶太同胞幫了他的忙。這位同胞就是彼得森在珠寶店當學徒時認識的猶太技工詹姆。

詹姆與他人合資在紐約附近開了一個小珠寶店。彼得森去找他想辦法，詹姆他們的珠寶店很小，約有十二平方米，已經擺放了兩張工作臺。詹姆很熱心，看他處境艱難，允許他在這個小房間裡再擺一張工作臺，每月只收十美元租金。

工作臺得到了解決，但是身無分文的彼得森無力預付房租，必須找到活兒幹，否則仍然無法生存。

過了好多天，他終於攬到了一筆生意，一個貴婦人有一枚兩克拉的鑽石戒指鬆動了，需要加固一下，她在拿出戒指前鄭重地問彼得森跟誰學的手藝，當得知面前這個首飾匠人是卡辛的徒弟時，她就放心地把戒指交給了他。這對彼得森來説是一個重大發現，想不到卡辛的名字在這些有錢人中有如此分量，他馬上想到借助卡辛的名氣招攬生意。也正是從此開始，他深刻地意識到了聲譽的重要性。

儘管自己和師傅之間有一段無法説清的恩怨，但是他從心裡還是對師傅心存感激。彼得森靠著「卡辛的徒弟」這塊招牌幹了兩三個月，生意不錯。這時，西州的一家戒指廠的生產線出了問題，急需一個有經驗的工匠做裝配。

在聽說彼得森的名氣後，這家戒指廠商慕名請他去負責，他愉快地接受了這一工作。有很多人慕名來找他加工首飾，他都一一熱情接待，把業餘時間都用在加工首飾上。當然，他每星期的收入也開始明顯增多，有時可賺到一百七十多美元。這樣，他一邊在工廠工作，一邊加工首飾，終於在經濟大蕭條的年代裡渡過了失業難關，生活也得到了極大的改善。

在生活中，不論你處在什麼環境中，每天你都會碰到一些人，你對他們怎樣呢？你是否只是望望他們？還是會試著去瞭解他們的痛苦？比方說一位郵差，他每年要走很多路，才能把信送到你的門口，這是不是一種疲於奔命的痛苦呢？比方說一位街角的乞丐，他望著你的目光和破舊的衣裳於他而言是不是一種痛苦？大街上與你迎面走過來的人滿臉憔悴，他究竟又有著怎樣痛苦的故事？如果學會了克服痛苦的方法，就能把這些痛苦轉化成人生中的一種快樂。

如果你正處於無法忍受的痛苦之中，那麼就請記住這句話：「如果有一個檸檬，就用它做一杯檸檬水。」你會因爲這杯檸檬水快樂，從而獲得更多的幸福。

“第八章”

你不可能避免犯錯
但切不可一錯再錯

「人非聖賢，孰能無過」，世界上沒有一個人能保證自己永遠不犯錯。但是，為什麼有的人成就卓著，而有的人卻成就低下？其實，答案很簡單：有的人一錯再錯，沒有及時地從錯誤中吸取教訓，而延緩了前進的步伐。

1 犯錯不可怕，但你要學會反思

在成長中，誰能絲毫無錯？犯錯不可怕，但你要學會反思，從錯誤中吸取經驗教訓。不經反思的生活，品質難以提升；不總結生活經驗的人，只能原地踏步。

戴爾·卡內基說：「我的檔案櫃中有一個私人檔案夾，標示著『我所做過的蠢事』。夾中插著一些做過的傻事的文字記錄。我有時口述給我的秘書做記錄，但有時這些事是非常私人的，而且愚蠢之極，不好請我的秘書做記錄，因此只好自己寫下來。每次我拿出那個『愚事錄』的檔案，重看一遍我對自己的批評，可以幫助我處理最難處理的問題——管理我自己。我曾經把自己的麻煩怪罪到別人頭上，不過隨著年齡漸增，我最後發現應該怪的人只有自己。很多人隨著年紀的增長都認清了這一點。」

拿破崙被放逐到聖海倫島時說：「我的失敗完全是自己的責任，不能怪罪任何人。我最大的敵人其實是我自己，這也是造成我的悲慘命運的主因。」

佛蘭克林每晚都自我反省。他發現了自己會犯十三項嚴重的錯誤。其中三項是：浪費時間、關心瑣事及與人爭論。睿智的佛蘭克林知道，不改正這些缺點，是成不了大業的。所以，他將一周改進一個缺點作為奮鬥目標，並每天記錄贏的是哪一邊。下一周，他再努力改進另一個壞習慣，他一直與自己的缺點奮戰，整整持續了兩年。正因如此，佛蘭克林最終成為了受人愛戴、極具影響力的人物。

在現實生活中，如果你總是犯同樣的錯誤，可能還會有另一些你沒想到的後果。

暴露了你的思維模式及行為習慣

如果你老是犯同樣的錯誤，這表明你的思維模式存在僵化之處。在做錯事之後，也許你會想徹底地反省自己，但你卻沒有發現問題所在，所以下次做事時還是出錯；也許你發現了問題，但因爲受到長期累積下來的行爲習慣的束縛，下次做時還是明知故犯。這種人若是帶兵打仗，定會吃敗仗；待人處事時，也會生出許多是非。由於你會在何種場合出錯早就被人料定，你在與人競爭時還有什麼勝算可言呢？

影響他人對你的評價

當人們評價一個人時，往往先看外表，再看其所做出的具體事情。事情做得越好，進行得越深入，別人的評價就越高。如果你老是做錯事，人們對你的評價自然就低。若是一再犯同樣的錯誤，評價就更低了，因爲別人會對你的反省能力、做事能力及用心程度產生懷疑。即使你是無心之過，犯的是小錯，別人對你的評價也會大打折扣。

應慎重地面對犯錯及其後果。首先，你要反省與檢討自己，徹底瞭解自己犯錯的原因何在，是能力問題、技術問題，還是性格問題、觀念問題？尤其是後面的二者，有必要毫不留情地予以檢討，這樣才不會自我欺騙，逃避真正的問題。其次，要反思自己及別人錯誤的經驗，借反思來提高自我警覺。人會犯錯，經常是因爲性格及習慣所造成的，反思錯誤的經驗有助於修正自己性格及習慣上的偏差。

曾子說：「吾日三省吾身。」只有每天反省自己的人才能從自己的經驗中獲得啓示，才能獲得精神上的進步。不對自己的生活進行反思，我們的寶貴經驗就白白流失了。讓我們做自己最嚴苛的批評家，在反思中不斷成長吧！

2 善於觀察別人的人，常疏於觀察自己

人有一個共性，就是喜歡指責別人而原諒自己。比如，說別人闖紅燈是沒素質，而一旦自己爲之便總是心安理得，迅速地原諒自己，這是非常不利於個人成長的。因此，花一些時間定期挖掘一下自身的缺陷和存在的問題，是非常有必要的一件事。在某些情況中，「以責人之心責己」會顯得尤其必要。

有一位太太多年來不斷指責對面住的太太很懶惰：「那個女人雖很有錢，可她的衣服永遠洗不乾淨，看，她晾在院子裡的衣

服，總是有斑點，我真的不知道，她怎麼連衣服都洗成那個樣子……」直到有一天，有位明察秋毫的朋友到她家，才發現不是對面的太太衣服洗不乾淨。這位細心的朋友拿了一塊抹布，把這位太太的窗玻璃上的灰漬抹掉，說：「看，這不就乾淨了嗎？」原來是這位太太自己家的窗戶玻璃太髒了。

上述故事告訴我們：不能把一切的錯誤都歸結到別人的身上，而認爲自己做的就無懈可擊。

霍貝斯說：「善於觀察別人的人，常常疏於觀察自己。」一個人不能夠整天只知道責備別人，整天挑別人的毛病。遇到事情，多看看自己身上的缺陷，多在自己身上找問題，才是正確地觀察自己、反省自己的方法。一味地責怪別人真的不應該，因爲我們沒有資格，我們既非凌駕於任何人之上的神，也不是誰的主宰者。

在心理學上曾有個很有趣的實驗，用鏡子來測試動物有沒有「自知之明」。

實驗者先把一面鏡子放進黑猩猩籠中，十天之後，將黑猩猩麻醉，在牠額頭上點了一個無臭無味的紅點。黑猩猩醒來後，鏡子還沒有放進來前，牠並不會用手去摸額頭，但是當鏡子放進籠子後，黑猩猩一看到鏡子中的「倩影」，便立刻用手去摸額頭，而且用力去搓，表示牠知道鏡中的是自己，而且知道自己額頭上原來是沒有紅點的。

如果省略第一步，沒有讓黑猩猩先接觸到鏡子，後來牠雖然看到鏡中的自己額頭上有紅點，但不會用手去摸，因沒有以前的自我可作比較，也就無從判斷。沒有比較就不會用力去把不是自己心甘情願點上去的紅點搓掉。

這個實驗很讓人震驚，當一個人不知道自己原來是什麼樣的時候，就只好任人擺佈，而不去抗爭。但是一旦照過了鏡子，知道自己是什麼樣子，那麼一有非自主的改變便會立刻發覺，而且這個認識出現後是不可逆轉的，已經知道便無法再假裝不知道，他會在鏡子前面一直看，所以有沒有自知是非常重要的。

人類作爲萬物之靈，更應該有自知之明。我們必須清楚，世界上不存在十全十美的人。

每個人都有犯錯誤的可能，每個人都潛藏著這樣那樣的缺陷，在等待被挖掘和被發現。我們若是只顧得上把時間用在觀察別人的過失上，只是把精力用在追究別人的錯誤上，哪裡還有時間和精力去完善自我，去成就自己的事業呢？一味地指責他人，尋找藉口來推卸責任、掩蓋自身的錯誤，其實是爲了維護個人利益。責人應先責己，這是一個人應有的品格和態度。

3 勇於認錯，打敗內心的敵人

有詩曰：「三萬日夜度一生，庸庸碌碌無前程。一日三省勤不輟，日積月累功自成。」對於一個人來說，懂得反省才是走向成熟的標誌。做錯事情不要緊，關鍵在於是否敢於承認錯誤並改正錯誤。

人生在世，誰都難免有這樣或那樣的缺點和錯誤，誰都難免有不足的一面。羅曼．羅蘭說：「在你要戰勝外來的敵人之前，先得戰勝你自己內在的敵人；你不必害怕沉淪與墮落，只要你能不斷地自拔與更新。」

反省是一種心理活動的反芻與回饋。它把當局者變成一個旁觀者，把自己變成一個審視的對象，站在另外一個人的立場、角度來觀察自己，評判自己。成功人士就是通過徹底反省來打敗自己內心的敵人，通過打掃自己思想靈魂深處的污垢塵埃，減輕精神痛苦，來淨化自己的精神境界的。

小何癱瘓在床，心裡非常痛苦。親友們去安慰他，小何說：「我不害怕我的病治不好，我擔心留不住妻子。」果然沒過多久，他的妻子離開了他。

親友們罵那位女人薄情，小何說：「不要責備她，是我不好。」接著，他懺悔道：「她做飯忙不過來的時候，我坐在電視前無動於衷；她生病需要去醫院的時候，我以工作忙為藉口，讓她一人前往；她買了衣服，滿心歡喜地問我怎麼樣，我的眼睛甚至都不瞟上一眼；她需要我陪伴的時候，我為了贏得上司的青睞，在辦公室陪他們打撲克直至深夜；她生日到來的時候，如果沒有她的提醒，我總是到第二天才猛然想起。我們的婚姻早就因為我的這些行為而癱瘓，只是我原來沒有感覺到。現在我不能動了，我卻一下子感覺到了。」

不久，有人把這些話講給了小何的妻子聽，她十分感動地說：「既然他這麼說，我就回去吧！」在妻子的精心照料下，小何慢慢康復，他們的婚姻也「康復」了，並且變得更加穩固。

4 有些事情必須「半途而廢」

生活中，很多人總認爲自己還年輕，有很多時間可以去嘗試、去堅持，但是歲月匆匆，當最終發現自己的堅持成爲無用功時，再回首已成百年身。

錯誤的堅持就是在浪費生命，不管是對工作還是對生活來說。

有一家公司需要招聘一名業務代表，通過層層選拔進入複試的只有A和B兩名應聘者，為了再從中找出一位最適合這個職位的員工，公司決定在不同時間段分別通知他們前來面試。

第二天A被公司通知前來進行最後一次的考核。A在面試的時候十分穩重，各種問題都對答如流，就在這時負責面試官的考官忽然遞給他一把鑰匙隨手指了一間小屋讓他去那裡拿只茶杯來。

A就去開那間小屋的門，可是他無論怎麼開就是打不開，他不相信自己開不了，就慢慢地擰，花了很長時間還是打不開。他知道這是主考官給自己出的最後一道難題，如果連這扇小小的門都打不開的話，怎麼去打開別人的心靈，於是他就一個勁兒地往裡面擰，可是最後鑰匙被他擰斷在鎖孔裡了。

A感到難以置信，明明是這扇門的鑰匙為什麼就是打不開呢？他就問主考官：「請問，是這把鑰匙嗎？」主考官抬頭看了一下A答道：「是打開屋子，取出茶杯的鑰匙。」A很為難地說：「門打不開，我也不渴……」

主考官打斷了他的話：「那好吧，這兩天回去等通知，如果接不到通知，你就去別家公司試試吧。」

第三天公司又通知B來面試，儘管他的回答不是十分流暢，但主考官還是同樣給他一把鑰匙讓他取來一只茶杯，B也是同樣打不開門，但是他卻看見另一間屋裡有一只茶杯，他就想：「主考官並沒有告訴我鑰匙就是這間屋子的，它既然是打開有茶杯那間屋的鑰匙，那麼應是隔壁這一間吧！」於是他抱著試試看的心態，竟然真的打開了那間小屋，取出了茶杯。

主考官很高興，拿過他取出的茶杯為他倒了一杯水，然後對他說：「喝杯水，然後簽個協議，祝賀你，你被錄取了。」

A放不下自己心中的那份執著，一直認為主考官指定的就是那間屋子，結果怎麼弄也打不開屋門，而B卻並沒有這樣認為，只是選擇放下這扇打不開的屋門去試另一間的屋門，結果他用同樣的一把鑰匙打開了另一間屋門，取出了茶杯。

有些事情確實需要「半途而廢」的精神才能做成，當然這也要求我們仔細地甄別放下的時機，然後正確理智地堅持，這才是實現終極目標的大智慧。

生活中也有些人從小就抱有美好的夢想，也身體力行去追求、去堅持，但他們犧牲了美好的青春，激情也慢慢消耗殆盡，留給自己的卻是一個生命的殘局，可是他們仍然覺得是上蒼跟他們開了一個生命的玩笑。殊不知，是他們自己的固執埋葬了自己的青春年華。

選擇需要智慧，放下需要勇氣。適時地放下無意義的堅持，才會有更多的可能到達成功的彼岸。如果自己選擇的方向是正確的，那麼該堅持的就要堅持。反之，如果你在一條錯誤的道路上狂奔，那麼就加速了自己的毀滅。

如果我們的目標並不適合我們，做了也是白做的時候就要懂得去收手，與其苦苦掙扎，蹉跎歲月，還不如選擇放下。若我們堅定地放下了那種偏執，說不定會柳暗花明，別有洞天。

5 原諒那些會傷害過我們的人

古希臘神話裡有一個大英雄名叫海格力斯。一天海格力斯走在坎坷不平的山路上，發現有個袋子一樣的東西擋住了去路，便踢了一腳那東西，沒想到那東西不但沒有被踩破，反而膨脹起來，變得更加大了。海格力斯憤怒不已，掄起一根碗口粗的木棒去砸那東西，結果它竟膨脹到把路給堵死了。

就在這時，一位聖人從山中走出，他對海格力斯說：「快別動它，朋友，忘了它，離它遠去吧！它的名字叫仇恨袋，你不侵犯它，它就會小如當初；你若侵犯它，它便會膨脹起來，把你的路給擋住，和你敵對到底！」

是啊，「仇恨袋」不過是個象徵。報復的火焰一旦燃燒起來，可以將人的理智燃盡；報復如同一把雙刃劍，在你報復別人的時候，也正有一把劍在刺向自己。所以，當遭遇背叛傷害時，應該選擇理智而不是衝動，選擇寬容而不是報復，選擇放下而不是執著，這樣，才能真正走出傷害，重新開始自己的生活。

原諒可容之言，饒恕可容之事，包涵可容之人，時時寬容，常常忍讓，才會達到精神上的制高點，「一覽眾山小」才會寵辱不驚，心境安寧。而被寬恕者自會感恩圖報，以求心靈上的自我救贖，這樣便達到了「雙贏」的效果。

美國第三任總統傑弗遜與第二任總統亞當斯從惡交到寬恕，成為化敵為友的典範。

傑弗遜在就任前夕，到白宮去想告訴亞當斯說，他希望針鋒相對的競選活動並沒有破壞他們之間的友誼。但據說傑弗遜還來不及開口，亞當斯便咆哮起來：「是你把我趕走的！是你把我趕走的！」從此兩人之間沒有交談達數年之久。

直到後來傑弗遜的幾個鄰居去探訪亞當斯，這個堅強的老人仍在訴說那件難堪的事，但接著衝口說出：「我一直都喜歡傑弗遜，現在仍然喜歡他。」鄰居把這話傳給了傑弗遜，傑弗遜便請了一個彼此皆熟悉的朋友傳話，讓亞當斯也知道他的深重友情。

後來，亞當斯回了一封信給他，兩人從此開始了美國歷史上最偉大的書信往來。

寬容，最重要的因素便是愛心。原諒那些曾傷害過我們的人，這不是一件容易的事，但是如果我們這樣做了，就會從中體驗到寬容的快樂。儘管不順心的事隨時會產生，若能寬容待人、對事，他便擁有了快樂的一生，那難道不是人生的幸事嗎？所以我們應儘量以愉快的心情處理生活上的各種問題，即使忍無可忍，也應採取理智來抑制情緒，最終使大事化小，小事化了。

有一位著名的音樂家，在成名前曾經擔任過俄國彼德耶夫公爵家的私人樂隊的隊長。

突然有一天，公爵決定解散這支樂隊，樂手們聽到這個消息的時候，一時間全都面面相覷、心慌意亂，不知道如何是好。看著這些和自己一起同甘共苦許多年的親密戰友，他睡不安寢、食不知味，絞盡腦汁，想來想去忽然有了一個主意。

他立即譜寫了一首《告別曲》，說是要為公爵做最後一場獨特的告別演出，公爵同意了。

這一天晚上，因為是最後一次為公爵演奏，樂手們表情呆滯、萬念俱灰，根本打不起精神，但是看在與公爵一家相處這些日子的情分上，大家還是竭盡所能、盡心盡力地演奏起來。

這首樂曲的旋律一開始極其歡悅優美，把與公爵之間的情感和美好的友誼表達得淋漓盡致，公爵深受感動。漸漸地，樂曲由明快轉為委婉，又漸漸轉為低沉，最後，悲傷的情調在大廳裡瀰漫開來。

這時，只見一位樂手停了下來，吹滅了樂譜上的蠟燭，向公爵深深地鞠了一躬，然後悄悄地離開了。過了一會兒，又有一名樂手以同樣的方式離開了。就這樣，樂手們一個接一個地離去，到了最後，空蕩蕩的大廳裡，只留下了隊長一個人。只見他深深地向公爵鞠了一躬，吹熄了指揮架上的蠟燭，偌大的大廳剎那間暗了下來。

正當他也像其他樂手一樣，正要獨自離開時，公爵的情緒已經達到了頂點，他再也忍不住了，大聲地叫了起來：「這到底是怎麼一回事呢？」他真誠而深情地回答說：「公爵大人，這是我們全體樂隊在向您做最後的告別呀！」這時候公爵突然醒悟了過來，情不自禁地流出了眼淚：「啊！不！請讓我再考慮一下。」

就這樣，他用一首《告別曲》的奇特氛圍，成功地使公爵將全體樂隊隊員留了下來。他就是被譽為「音樂之父」的世界著名音樂家——海頓。

在滾滾紅塵中，作爲芸芸眾生的你我有不少人會這樣做：你對我不好，我也不會對你好。比如，在被拋棄、被辭退、被退學的時候，往往會憤憤離去，甚至採取報復行爲；還有這樣一種情況，有的人在拋棄對方或者準備跳槽時，也不願意給對方留下一個好的印象，結果出現了一種糟糕的結局。

相反，海頓深知，即便是最後的時光，也要無限美好地離去，爲的是給雙方留下一些值得他日回憶的東西。結果，他的真情大度告別扭轉了局面。

“第九章”

唯有你自己
才能令你自卑或自信

擁有了自信，再平凡的人也能做出驚天動地的事情來。這樣說，並不是說擁有自信的人就一定會成功，而是因為擁有自信的人往往都生活得很精彩，通過自己的努力，讓不可能變為可能，他們是生命奇蹟的創造者。

1 相信自己的能力

世界著名成功學之父戴爾．卡內基曾經說過：「一個年輕人，如果從來不肯竭盡全力來應對所有事情，如果沒有堅強不屈的意志，如果沒有真誠熱忱的態度，如果不施展自己的能力，如果不振作自己的精神，那麼他絕不會有什麼大成就。」

偉人之所以能夠成功，就在於他們相信自己的能力，要求自己一定要超越別人、戰勝別人，從而自強不息、奮鬥不止、堅忍不拔。所以說，自信是承擔大任的第一個條件。只有非常的自信，才能成就非常的事業。對事業充滿自信而決不屈服，便永遠沒有所謂的失敗。

英國歷史上曾經有過這樣一件事：杜邦將軍未能攻下克切斯城，他在法拉格特將軍前面極力爲自己開脫。法拉格特將軍聽完後只說了一句話：「一個重要的原因你沒有講到，那就是你一開始就不相信自己能打敗敵人。」

許多事情往往都是如此，如果你開始時就不相信自己能夠成功，那麼你絕不會成功。明白了這個道理，再依靠自己的努力而不是依靠上天的機遇或他人的幫忙，我們才能在某一方面成爲傑出的人才。

有一個法國人，正處在不惑之年，這個年紀本應該事業有成，但是他卻恰恰相反，一事無成。家人對他失望極了，久而久之，就連他自己也認為自己失敗至極。

離婚、破產、失業……一連串的打擊，使他覺得人生已經失去了價值和意義。由於對生活的不滿，他變得越來越乖戾易怒，同時也十分脆弱，經不起任何打擊。

有一天，他失魂落魄地在大街上走著，一位吉普賽人正在街邊擺攤算命。

「先生，算一卦吧！」吉普賽人淡淡地說。

沒有什麼重要的事，就當是一種娛樂，他坐了下來。

看過手相後，吉普賽人對他說：「天哪，真沒有想到，你是一個偉人，真了不起！」

「什麼？請不要拿我開玩笑，我可不是什麼偉人。」

「你知道你是誰嗎？」

「我是誰？」他無奈地笑了笑，「我是一個名副其實的倒楣鬼、窮光蛋和被社會拋棄的人！」

吉普賽人笑著搖了搖頭，說：「先生，你錯了，你是拿破崙轉世，你身體裡流淌著拿破崙的勇氣和智慧。你就一點也沒有發覺，自己長得與拿破崙非常像嗎？」

聽了吉普賽人的話，這個法國人半信半疑：「不會吧？離婚、破產、失業全部都找上我了，不僅如此，我還無家可歸，這樣看來，我怎麼會是拿破崙轉世？」

「剛才你說的只能算是過去，你的未來可了不得，如果你不相信我說的話，五年之後再來找我，到那時，你可是全法國最成功的人。」

這個落魄的法國人帶著懷疑離開了，雖然表面上他對吉普賽人的此番言論很不以為然，但是不能否認，他內心有一股前所未有的美妙的感覺。在這之前，他根本沒有時間靜下心來鑽研拿破崙的生平事蹟，這一次，他對拿破崙產生了極大的興趣。

回到家後，他並沒有像往常那樣，面對滿室瘡痍唏噓不已，而是想盡辦法尋找和拿破崙有關的著作來學習。

時間長了，他發現，周圍的人對他的態度變了，他們都在用一種全新的眼光來看待他，他的事業也越來越順利。

直到這時，他才領悟到，其實周圍一切都沒有改變，唯一做出改變的只有他自己。經過一番仔細觀察，他發現自己的氣質、思維模式都在不自覺地模仿著拿破崙，就連走路也頗有一點拿破崙的架勢。

過了十三年，在這個人五十五歲的時候，他成為了億萬富翁，一位法國著名的成功商人。

如果想讓周圍的人相信你，想要承擔大任的話，首先應該相信自己。自信是成功的第一秘訣。有史以來，沒有一件偉大的事業不是因爲自信而成功的。

決心就是力量，信心就是成功。當一個人懷著信心去做事的時候，心中就擁有了對所做事的把握，並且，在這個過程中，會表現出來一種與眾不同的氣質，而這種氣質就是自信。

任何時候，都不要輕易動搖信心。只要是你所嚮往的，如果你想實現終極目標，即使是你始終未曾接觸過的領域，也一定要從心裡建立起

「有信心」的信念。你得從此刻便開始學習感受那份信心，相信自己有資格、有力量取得成功。

可以毫不誇張地說，**一個人之所以失敗，是因為他自己要失敗；一個人之所以成功，是因為他自己要成功。**一個平庸的喪失進取動力的人，總覺得自己不重要，成就不了什麼大事，因而他扮演的始終是可有可無的小角色，這樣的人，從他的言談舉止都顯示出信心的缺乏。實踐證明，否定自己是一種可怕的思想，它足以產生一種消極的力量，常常使人走向失敗之途；而充滿信心的人，則常常踏上成功之路。

2 自卑沒什麼，因為你可以補償它

與自信正好相反，自卑是一種消極的自我認識和一種消極的人生態度。自卑的人在遇到問題時往往無所適從，總是覺得自己不如別人，不相信自己有能力處理好所面臨的問題，甚至破罐子破摔，自暴自棄。

研究發現，每一個人在幼兒時期都有過自卑的經歷，因爲他們不依賴成年人就無法生存，這種依賴總是建立在成人的強大與他們的弱小所形成的巨大反差上。

但是，兒童並不永遠自甘於這種依附的地位，正如現代著名精神分析學者阿德勒所言：「所有的兒童都有一種內在的自卑感，它刺激兒童的想像力並誘發兒童試圖去改善個人的處境，以消除心裡的自卑感。」

這就是著名的自卑補償法。也就是說自卑有巨大的補償作用，對於那些具有深深的自卑感的人來說，自卑有時有如一盞指路明燈，亦是一種巨大的精神鼓舞。

在日常生活中，有很多「補償」的例子。如雙目失明的人會全力發展他的聽覺和觸覺；下肢殘疾的人會全力發展他的上肢；聾啞人會全力發展他的肢體表達能力。阿德勒認爲，一個人的缺陷感越大，自卑感越重，就會越敏感，個體尋求補償的願望也就越迫切，因此孱弱的兒童往往比健全的兒童更好勝。

狄摩西尼出生於雅典的一個富裕家庭。不幸的是，他的父親在他七歲那年去世了。隨著父親的去世，不幸接踵而至，母親改嫁，巨額的家產被監護人侵吞。

一夜之間，他由一位大人物的寶貝兒子，成為一個一貧如洗的「孤兒」。

狄摩西尼本來就天生口吃，加上家庭破裂的原因，他一直沒有受過良好的教育。成年後，他的口吃越發嚴重。不過，在狄摩西尼瞭解到自己家庭的真相後，決心向法庭提出訴訟，討還被奪取的家產。

可是，由於他沒有能力在法庭上清楚、流利地陳述自己的意見，只好暫時放棄。換了別人，可能會由此感到深深的自卑，向命運屈服。但狄摩西尼卻選擇了向命運挑戰，向自己的生理缺陷挑戰。

據說，他為了戰勝自己的口吃，每天要大聲誦讀一百多頁文章，站在海邊含著石子迎風練習辯術。最後，他居然戰勝了自我，不但討回了自己的家產，還成了雅典著名的演講家，使在常人眼裡不可能的事情成為了現實。

他常在公民大會上憑藉自己雄辯的口才發表政治演講，得到了人們的熱烈擁護。作為雅典民主派的領袖，狄摩西尼領導雅典人民進行了近三十年的反對馬其頓侵略的鬥爭。在馬其頓入侵希臘時，狄摩西尼發表了動人的演說，譴責馬其頓王腓力二世的野心。他被公認為是歷史上最傑出的演說家之一。

狄摩西尼故事的意義在於，當厄運快要扼住你喉嚨的時候，你選擇了自卑和屈服，就等於選擇了百分之一百的失敗；你選擇了自信和抗爭，可能就爭取到了那百分之零點零一的希望。原來自信和自卑只有一步之遙。

甚至可以說，自卑感是個人取得成就的主要推動力：在人際鏈上，幾乎每個人都處於一種比上不足比下有餘的地位，與上面的人相比，他感到自卑，於是，一種要求補償的動力會推動他去奮鬥；當他達到補償與「卑劣地位」的平衡後，他又處於人際鏈的一個新的節點上，這時若與別人更大的成就相比，又會使他產生自卑感，從而又激發他去爭取更大的成就。

這種不斷要求補償的動力，正是人類地位之所以增進的原因，我們人類的文化很多都是以自卑感為基礎的。自卑感之所以成為個體發展的動力，是因為每一個個體身上都潛藏著與生俱來的追求卓越的向上意志。而追求卓越是每一個人的基本動機，它是一種生活本身的固有需要，從「低」到「高」的欲求也永無休止。

正因為每一個個體身上都有著這樣一種與生俱來並與生長過程並駕齊驅的基本動機，因而自卑感才成為個體不斷彌補不足、不斷進取、不斷超越的潛在動力。

因此，自卑是一個不能隨意就定性的東西，無所謂好，也無所謂壞，關鍵是自卑向何處發展。如果自卑感在一個人成年以後的生活中一直延續下去，逐步走向意志消沉、不思進取、甘於落後、自暴自棄，這時正常的自卑感就變成了「自卑情結」，而自卑情結對於個體的正常生活和發展是一種障礙。

但是，只要自卑感不變成自卑情結，那麼，它就會推動個體去追求補償，因而對於個體的發展就是一種激勵因素。所以，有自卑感並不可怕，只要個人始終努力克服自卑，追求優越，自卑就會轉化爲自信。不然，自卑就會向自棄、自毀和自滅的方向發展。

自卑心理多產生於畏懼，產生於對社會及未知事物的不確定感。要想征服畏懼，徹底戰勝自卑，不能誇誇其談、止於幻想，而必須付諸實踐。建立自信最快、最有效的方法，就是去做一些自己不敢嘗試的事，直到獲得成功爲止。

永遠挑前面的位子坐

在各種形式的聚會中，在各種類型的課堂上，後面的座位總是先被人坐滿。大部分佔據後排座位的人，都希望自己不會「太顯眼」，而他們怕受人注目的原因就是缺乏自信。

坐在前面能增強自信。因爲敢爲人先，敢在人前，敢於將自己置於眾目睽睽之下，就必須有足夠的勇氣和膽量。久而久之，這種行爲就成了習慣，自卑也就在潛移默化中變爲自信。另外，坐在顯眼的位置，就會放大自己在領導及老師視野中的形象，提高反覆出現的頻率，起到強化自己形象的作用。不妨把這當作一個規則試試看，從現在開始就儘量往前坐吧！雖然坐在前面會比較顯眼，但要記住，具有成功性的東西大都是顯眼的。

自言自語肯定自己

在心理學中，自言自語是增強自信的重要方法。每天可以在獨處或走路時，小聲地對自己說話。說些什麼呢？當然不外乎「我真的很棒」「我一定是最美的」「我最聰明」「我總是能解決所有問題」等。

這種做法有三個地方一定要注意：一是用第一人稱敘述，也就是都用「我」如何如何，而不是「你」；二是所有句子都用肯定句，沒有否定句、疑問句；三則是一定要說出口，不能只是心中默想，不論聲音大小，每個句子都必須說出聲音，默想的效果不僅不佳，也達不到堅定信心的目的。

改變行走的姿勢與速度

許多心理學家認爲，人們行走的姿勢、步伐與其心理狀態有一定關係。懶散的姿勢、緩慢的步伐是情緒低落的表現，是對自己、對工作以及對別人不愉快感受的反映。

將走路速度加快，就彷佛告訴整個世界：「我要到一個重要的地方，去做很重要的事情。」步伐輕快敏捷，身姿昂首挺胸，會給人帶來明朗的心境，會使自卑逃遁，自信陡生。

練習當眾發言

在大庭廣眾講話，需要巨大的勇氣和膽量，這是培養和鍛煉自信的重要途徑。在我們周圍，有很多思想敏銳、天資頗高的人無法發揮他們的長處參與討論，其實不是他們不想參與，而是缺乏信心。

在公眾場合，沉默寡言的人都認爲：「我的意見可能沒有價値，如果說出來，別人可能會覺得很愚蠢，我最好什麼也別說。而且，其他人可能都比我懂得多，我並不想讓他們知道我是多麼無知。」這些人常常會對自己許下渺茫的諾言：「等下一次再發言。」可是他們很清楚自己是無法兌現這個諾言的。每次的沉默寡言，都是「缺乏自信」這一毒素的又一次發作，都會使他們越來越缺少自信。

從積極的角度來看，如果儘量發言，就會增加信心。不論是參加什麼性質的會議，每次都要主動發言。有許多原本木訥或者口吃的人，都是通過練習當眾講話而變得自信起來的。

敢於正視別人

眼睛是心靈的窗，一個人的眼神可以折射出性格，透露出資訊，傳遞出微妙的情感。不敢正視別人，意味著自卑、膽怯、恐懼；躲避別人的眼神，則折射出陰暗、不坦蕩的心態。正視別人等於告訴對方：「我是誠實的、光明正大的；我非常尊重你，喜歡你。」因此，正視別人，是積極心態的反映，是自信的象徵，更是個人魅力的展示。

放大自己最得意的照片

熱愛自己是獲得幸福生活的先決條件，而討厭自己則會令人感到生活非常痛苦。熱愛自己的方式多種多樣，充分利用自己的照片就是其中之一。

你的影集裡一定收藏了很多照片，你可以從中找到許多不同的自我。當你看到最不喜歡的表情時，可能會被一種低沉的情緒和隨之而來的寂寞感所控制。這時，你就該另闢蹊徑，去把你最中意的照片找出來並認真注視它，然後你可能立刻又會產生一種慰藉感，而且越看越興高采烈。這時也許你會情不自禁地自言自語道：「你看這照片上的人多有精神，肯定是個有用之才。」

每天都去欣賞你最喜歡的照片，你就會得到一些極有益的啓示。把你最得意的照片挑選出來，把它們放大後裝入金邊相框裡，然後掛在屋中最顯眼的地方。每當你看到它時，你的心中就會條件反射般出現一個明快、健康的自我形象，就會覺得信心百倍、幹勁衝天，敢於向一切困難挑戰。

3 給自己發個獎盃

生活中我們總習慣於爲別人喝彩，羡慕別人一點一滴的完美表現，而對自己一些突出的優點視而不見，不以爲然。於是，喝彩也因寂寞而悄然離去，只剩下低頭喪氣的自己……

爲自己喝彩，給自己一份執著，少一些失落，多一份清醒。人生不相信眼淚，命運鄙視懦弱。困難和不順在所難免，如果總是沮喪，生活便只剩荒蕪的沙漠，不如用自己的腳步來踩死自己的影子。戰勝厄運，首先要戰勝自己。爲自己喝彩，給自己多一份自信和快樂，少一些懷疑和痛苦。凡事應學會換一個角度，從好的方面想，人生必將出現別樣的風景線。這是一種樂觀的積極的生活態度。即使有一千個藉口哭泣，也要有一千零一個理由變得堅強；即使只有萬分之一的希望，也要勇往直前，堅持到底。因爲今天的太陽落下山，明天照樣升起，人生也是這樣。

有一位美國作家，他是靠著為報社寫稿維持生活的。他給自己定了一個目標，每週必須完成兩萬字。達到了這一目標，就到附近的餐館飽餐一頓作為獎賞；超過了這一目標，還可以安排自己去海濱度週末，在海灘大聲為自己鼓掌、喝彩。於是，在海濱的沙灘上，常常可以見到他自得其樂的身影。

作家勞倫斯·彼德曾經這樣評價一些著名歌手：爲什麼許多名噪一時的歌手最後以悲劇結束一生？究其原因，就是因爲，在舞臺上他們永遠需要觀眾的掌聲來肯定自己，需要別人爲自己喝彩。但是由於他們從來不曾聽到過自己的掌聲和喝彩聲，所以一旦下臺，進入自己的臥室時，便會倍覺淒涼，覺得聽眾把自己拋棄了。他的這一剖析，確實非常深刻，也值得深省。

我們鼓勵所有人給自己鼓掌，爲自己喝彩，絕不是叫人自我陶醉，而是爲了讓人強化自己的信念和自信心，正確地評估自己的能力。

當我們取得了成就，做出了成績，或朝著自己的目標不斷前進的時候，千萬別忘了給自己鼓掌，爲自己喝彩。當你對自己說「你幹得好極了」或「真是一個好主意」時，你的內心一定會被這種內在的支持所激勵。而這種成功途中的歡樂，確實是很值得你去細細品味的。

人生來就需要得到鼓勵和讚揚。許多人做出了成績，往往期待著別人來贊許。其實光靠別人的贊許還是不夠的，何況別人的贊許會受到各種外在條件的制約，難以符合你的實際情況或滿足你真正的期盼。如果想克服自卑感，增強自己的自信心和成功信念，那麼就不妨花些時間，恰當地爲自己喝彩。

4 流言蜚語，也可以讓你上進

當你對別人說你想做個億萬富翁的時候，恐怕絕大多數人都會覺得你只是說說而已。那些關心你的人會勸你現實點，不要給自己增加煩惱；那些輕視你的人則會嘲笑你，說你是異想天開，別說當什麼億萬富翁，你能生存下去就很好了。

面對別人的種種說法，你會怎麼辦呢？是對他們的看法置之不理，還是「虛心」聽取呢？希望你能從下面這個故事中得到啓示：

一九〇〇年七月，在浩渺無邊的大西洋上，海風怒吼，巨浪滔天，暴風雨中，一葉小舟一會兒沖上浪尖，一會兒跌入波谷，惡劣的天氣和狂風巨浪似乎要將它撕個粉碎。駕駛這葉小舟的這位金髮碧眼的年輕人是一位德國的醫學博士，名叫林德曼。大海無情，無數鮮活的生命被它吞噬。為什麼他要孤身一人進行這危險的航行？為什麼還要選擇這樣惡劣的天氣？

林德曼在德國從事的是精神病學研究，出於對這份職業的執著，他正在以自己的生命為代價，進行著一項亙古未有的心理學實驗。

林德曼博士在醫療實踐中發現，許多人之所以成為精神病患者，主要是因為他們感情脆弱，缺乏堅強的意志，心理承受能力差，經受不住失敗和困難的考驗，關鍵時刻失去了對自己的信心。有些看上去體格非常健壯的人，後來卻因為承受不住心理的壓力而精神崩潰。林德曼認為：一個人保持身心健康的關鍵，是要永遠自信！

當時，德國正掀起一場獨舟橫渡大西洋的探險熱潮，全國先後有一百多位勇士駕舟橫渡大西洋，但結果均遭失敗，無一生還。消息傳來，輿論界一片譁然，認為這項活動純屬冒險，它超過了人體承受能力的極限，是極其殘酷的「自殺」行為。

林德曼卻不這麼認為。經過對這些勇士遇難情況的認真分析，他認為這些遇難的人首先不是從肉體上敗下陣來的，而主要是死於精神上的崩潰，死於恐怖和絕望。

林德曼的觀點遭到了輿論的質疑：探險勇士難道還不夠自信？為了驗證自己的觀點，林德曼不顧親人和朋友的堅決反對，決定親自做一次橫渡大西洋的試驗。

在航行中，林德曼遇到了許多難以想像的困難。在漫漫的航程中，孤獨、寂寞、疾病，體力的消耗，精力的消耗，都在消蝕著他的意志。特別是在航行最後的十八天中，遇上了強大的季風，小船的桅杆折斷了，船舷被海浪打裂了，船艙進水了。林德曼必須把舵把緊緊地捆在腰上，騰出手來拚命地往外舀船艙裡的水。

在和滔天巨浪搏鬥的整整三天三夜中，他沒有吃一粒米，沒有閉一下眼。那場面真是驚心動魄，九死一生。多少次他感到堅持不住了，感到自己不行了，有時眼前甚至出現了幻覺，準備放棄了，但每當這個時候，他就狠狠地掐自己的胳膊，直到感覺到疼痛，然後激勵自己：「林德曼，你不是懦夫，你不會葬身大海，你一定會成功的！再堅持一天，就能到達勝利的彼岸。」

「我一定會成功！」林德曼的心中反覆地呼喊著這幾個字。生的希望支持著林德曼，最後他終於成功了。

「一百多人都失敗了，我為什麼能成功呢？」他說，「我一直自信自己一定能成功。即使在最困難的時候，我也以此自勵！這個信念已經和我身體的每一個細胞融為一體。」

林德曼的故事告訴我們，不管面對什麼樣的質疑，不論在什麼樣的困境中，**唯一能拯救你的是你自己，和你自己的信心；唯一能打垮你的也是你自己，和你自己的灰心。**

肯定自己是自信、勇敢的表現，能夠讓我們發現自身價值並激發自身潛能，是改變人生道路的前提。只有敢於肯定自己、正視自己、提升自己的人，才有可能成爲強者，做出一番成績，進而讓別人重視自己。所以，別被他人的質疑擊敗。

每個人都知道自信的重要性，但要做到永遠自信卻很難。就像那些覺得你不可能成爲億萬富翁的人一樣，是他們本來不想自己可以成爲億萬富翁，進而將這種不自信轉移到了你身上，認爲你和他們一樣，他們做不到的事情你也未必能做到。

但事實上，你和他們不一樣，因爲你有自信，而他們沒有。因此，不要在乎別人說什麼，只要你真的相信自己可以成爲一個億萬富翁，那麼就堅持自己的想法。你努力之後取得的成就，就是對他們最有力的反駁。正如拿破崙曾在學校裡被嘲諷過千百次，但最終的事實卻是：不信任他的人全錯了。

拿破崙小時候家裡很窮，他的父親借錢把他送到柏林市的一所貴族學校去讀書。由於家庭貧困的原因，在學校裡拿破崙經常被人欺負。久而久之，拿破崙也開始相信同學們嘲諷他時所說的話了。他心想：同學們說得沒錯，我怎麼可能成功呢？因此，他每天都是憂心忡忡的。

於是，拿破崙開始忍氣吞聲，在學校裡「混日子」。後來，他實在忍不下去了，便寫了一封信給父親，說自己不適合上學，想讓父親接他回家。父親沒有著急，而是在回信中說：「我們窮是事實，但是你必須堅持在那裡繼續讀下去。你不要太自卑了，等你成功了，一切都會隨之改變。」

慢慢地，在父親的鼓勵下，拿破崙終於不再自卑。他不再將同學們的侮辱和恥笑放在心上，而是靜下心來讀書。五年裡，他受盡了同學們的欺負，但每一次都會使他的志氣增長一分。後來，拿破崙進了軍隊，開始只是一名少尉。在軍隊中，由於體格孱弱，他處處受人輕視，上司和同伴們都瞧不起他。但他並沒有一蹶不振，而是利用同伴們玩樂的時間努力讀書，希望在知識上勝過他們！

拿破崙只專心讀那些能使他有所成就的書，而不讀那些平凡無用的消遣書。在自己那間悶熱狹小的屋子，拿破崙苦學了好幾年，僅僅是摘抄的名言警句就達到了四千多頁。看著這些書，他不再懼怕孤獨。此外，拿破崙還常常喜歡把自己當成前線作戰的總司令，運用所學的地理知識和數學知識來「指揮」作戰。

漸漸地，拿破崙開始得到長官的青睞，逐漸得到很多實戰鍛煉的機會，並最終成為了雄才偉略的法國皇帝。而當年那些瞧不起他的人，全都成了他的臣子。

拿破崙聽從了父親的話，最終用信心、努力改變了自己的人生。一個心態上的改變，讓拿破崙展現出了不一樣的氣質。拿破崙之所以能夠成爲偉人，一個重要的原因就是他克服了自己的缺憾，戰勝了自卑心理。

拿破崙沒有因爲別人的質疑、輕視而否定自己，而是以此爲跳板奮起，爲什麼你不可以如此呢？所以，哥倫比亞大學認爲，面對別人的流言蜚語，如果處理得好，它就不會是你前進的阻力，而是一種催你奮進的動力！

5 至少要認識一位善通世故的長輩

遠大的理想讓你感到茫然，榜樣能讓你對自己的未來充滿信心。以人爲鏡，可以自我激勵。向一個能激發我們生命潛能的成功楷模學習，價值遠勝於一次發財獲利的機會——它能使我們增加無窮的信心和力量，並昇華我們的成長境界。

古希臘的父母對於孩子在白天上幾個小時的課感到不滿足，他們就想辦法讓孩子與老師共同生活幾年。他們相信，能有與老師一起生活的體驗才是更好的學校。

我們生活中大部分的朋友都是偶然結交到的，我們或者和他們住得很近，因而相識；或者是以未曾預料到的方式和他們相識了。結交朋友雖出於偶然，但朋友對於個人進步的影響卻很大。因而交朋友宜經過鄭重考慮之後再做決定。

不少人總是樂於跟比自己差的人交往，因爲這樣可以獲得優越感。這的確很能安慰自己，可是從不如自己的人身上顯然是學不到什麼有價值的東西的。而結交比自己優秀的朋友，則能促使我們更快成長、更加成熟。

要和人相識，並不像通常想像的那麼困難，就是要結交地位較高的人也是如此。

美國有一位名叫亞瑟．華卡的農家少年，他在雜誌上讀了某些大實業家的故事，很想知道得更詳細些，並希望能得到他們對後來者的忠告。

有一天，他跑到紐約，也不管幾點開始辦公，早上七點就到了威廉・B・亞斯達的事務所。亞斯達開始時並不喜歡這個年輕人，然而一聽少年問他：「我很想知道，我怎樣才能賺得百萬美元？」他的表情便柔和起來。也許是他欽佩華卡的雄心和勇氣吧！兩人竟談了一個小時。隨後亞斯達還告訴他該去訪問的其他實業界的名人。華卡照著亞斯達的指示，遍訪了一流的商人、總編輯及銀行家。

在賺錢方面，華卡所得到的忠告並不見得對他有多大幫助，但是能得到成功者的接見，卻給了他自信。他開始效仿他們成功的做法。又過了兩年，華卡成為他做學徒的那家工廠的所有者。後來他又成為一家農業機械廠的總經理。不到五年，他就如願以償地擁有了百萬美元的財富。再後來，這個來自鄉村粗陋木屋的少年，終於成為某銀行董事會的一員。

華卡在生活中一直實踐著他年輕時來紐約學到的基本信條，即多與有益的人相結交。

懷特是美國印第安那州一個小鎮上的鐵道電信事務所的新雇員。十六歲時，他便決心要獨樹一幟。二十多歲時，他當了管理所所長。後來，他成為俄亥俄州鐵路局局長。

當他的兒子上學時，他給兒子的忠告是：「在學校要和一流人物結交，有能力的人不管做什麼都會成功……」

這句話並不像有些人想像的那麼庸俗。在成長過程中，把有能力的人作爲自己的榜樣並不可恥。朋友與書籍一樣，好的朋友不僅是良伴，也是良師。

要與偉大的朋友締結友情，跟第一次就想賺百萬美元一樣，是相當困難的事。這原因並非在於偉人們的出類拔萃，而是你自己容易惴惴不安。年輕人容易失敗的一個重要原因，就是不善於和前輩交際。一位名人曾說過：「年輕人至少要認識一位善通世故的老年人，請他做顧問。」還有人說：「如果要求我說一些對青年有益的話，那麼，我就要求他時常跟比他優秀的人一起行動。就做學問而言或就追求成功而言，這都是非常有益的。」

洛克菲勒對兒子說：「**一個人要成功，當然需要不斷地行動與積累經驗，然而得到經驗最快的方法，就是向一些成功者請教**，請他們給你一些建議，請他們告訴你，你做對了什麼事情，做錯了什麼事情，或讓他們用他們的智慧指導你，這樣比你看任何書籍都要有效。」

“第十章”

苦難
絕不是你放過自己的理由

人生的道路充滿荊棘與坎坷，生活中不可能總是陽光明媚的豔陽天，狂風暴雨隨時都有可能光臨。苦難來臨時，我們無處躲藏，既然如此，索性就讓它留下的創傷永遠提醒自己，讓自己變得更加成熟與堅強。

1 天將降大任於斯人也

古人云：「天將降大任於斯人也，必先苦其心志，勞其筋骨，餓其體膚，空乏其身，行拂亂其所爲，所以動心忍性，曾益其所不能。」

苦難是鍛煉人意志的最好學校。與苦難搏擊，它會激發你身上無窮的潛力，鍛煉你的膽識，磨煉你的意志。也許，身處苦難之時你會倍感痛苦與無奈，但當你走過困苦之後，你會更加深刻地明白，正是那份苦難給了你人格上的成熟和偉岸，給了你面對一切無所畏懼的膽魄，以及與這種膽魄緊密相連的面對苦難時的好心態。

苦難，在不屈的人們面前會化成一種禮物，這份珍貴的禮物會成爲真正滋潤其生命的甘泉，讓其在人生的任何時刻都不會輕易被擊倒！

美國有一種家喻戶曉的美食叫「鍾斯乳豬香腸」，在它的發明背後有一段感人淚下的與命運做鬥爭的故事。

該食品的發明人鍾斯原來在威斯康辛州農場工作，當時家人生活比較困難。他雖然身體強壯，工作認真勤勉，不過從來沒有妄想發財。可天有不測風雲，在一次意外事故中，鍾斯癱瘓了，躺在床上動彈不得。親友都認為這下他這一輩子完了，然而事實卻出人意料。

鍾斯身殘志堅，始終沒有放棄與命運做鬥爭。他的身體雖然癱瘓了，但他意志卻絲毫沒受影響，依然可以思考和計畫。他決定讓自己活得樂觀、開朗些，對生活充滿希望；他決定做一個有用的人，而不是成為家人的負擔。他思考多日，最終把構想告訴家人：「我的雙手雖然不能工作了，我要開始用大腦工作，由你們代替我的雙手，我們的農場全部改種玉米，用收穫的玉米來養豬，然後趁著乳豬肉質鮮嫩時灌成香腸出售，一定會很暢銷！」

老天不負有心人，事情果然不出鍾斯所料，等家人按他的計畫做好一切後，「鍾斯乳豬香腸」一炮走紅，成為人人知曉、大受歡迎的美食。

天無絕人之路，生活丟給我們一個難題，同時也會給我們解決問題的能力。鍾斯能夠成功，是因爲他堅信人生沒有過不去的坎，堅信冬天之後有春天。他在困難面前沒有低頭，沒有被挫折嚇倒，而是另闢蹊徑，終於迎來了屬於自己的成功。

直面人生的挫折和壓力吧，因爲它會讓我們變得更加堅強；迎接生活的挑戰吧，因爲它的背後藏有成功的果實。

因此，讓暴風雨來得更猛烈些吧！

2 臥倒不是跌倒，忍耐是因為時機未到

「忍」是一種做人智慧，即使是強者，在問題無法通過積極的方式解決時，也應該採取暫時忍耐的方式處理，這可以避免時間、精力等「資源」的繼續投入。在勝利不可得，而資源消耗殆盡時，忍耐可以立即停止消耗，使自己有喘息、休整的機會。

也許你會認爲強者不需要忍耐，因爲他資源豐富而不怕消耗。理論上是這樣，但實際問題是：當弱者以飛蛾撲火之勢咬住你時，強者縱然得勝，也是損失不小的「慘勝」。所以，強者在某些狀況下也需要忍耐。他們可以借忍耐的和平時期，來改變對自己不利的因素。

我們每一個人，都不可能永遠是強者，俗話說，強中更有強中手，所以，每一個人都會經歷一段「臥倒期」，這樣做並不是怯懦，更不是屈服，只是帶來積聚力量的時間和空間，使我們能夠再度站起來，取得成功。

世界上的第一位億萬富翁洛克菲勒是一位善忍、能忍的高手。

在洛克菲勒創業之初，由於資金缺乏，他的合夥人克拉克先生邀請昔日同事加德納先生入夥，有了這位富人的加入，就意味著他們可以做很多想做、有能力做、只要有足夠資金就能做成的事情。

然而，出乎意料的是，克拉克要把克拉克．洛克菲勒公司更名為克拉克．加德納公司，他們將洛克菲勒的姓氏從公司名稱中抹去的理由是：加德納出身名門，他的姓氏能吸引更多的客戶。

這是一個大大刺傷洛克菲勒尊嚴的理由，他同樣是合夥人，加德納帶來的只是自己的那一份資金而已，難道他出身貴族就可以剝奪洛克菲勒的名分嗎？但是，洛克菲勒忍下了。他知道，假如對克拉克大發雷霆，不僅有失體面，更重要的是，這會給他們的合作帶來裂痕。

洛克菲勒知道自己要到哪裡去。在這之後他繼續一如既往、不知疲倦地熱情工作。到了第三個年頭，他就成功地把那位極盡奢侈的加德納先生請出了公司，讓克拉克．洛克菲勒公司的牌子重新豎立了起來！那時人們開始尊稱他為洛克菲勒先生，他已成為富人。結果正像眾所周知的那樣，克拉克．加德納公司永遠成為了歷史，取代它的是洛克菲勒．安德魯斯公司，洛克菲勒就此成為億萬富翁。

能忍人所不能忍之侮，才能爲人所不能爲之事。正如大仲馬在《基度山恩仇記》中所說：「這是一個奧秘——卑屈的懦夫用它遮羞，堅強的巨人把它作爲跳板。」一時的臥倒並不是永遠的屈服，這種低調的行爲不過是一種手段，當你有了強大的力量之後，就能再一次站起來！

我們每一個人，都不可能永遠是強者，俗話說，強中更有強中手，所以，每一個人都會經歷一段「臥倒期」，這樣做並不是怯懦，更不是屈服，而借時間和空間來積聚力量，使我們能夠再度站起來，取得成功。

3 請享受，這無法迴避的痛苦

「不以得爲喜，不以失爲憂」，是種非常良好的心態。這種心態的優勢是專注於自己的事情，不因一時得失而憂心忡忡或興奮狂跳。也不要大喜大悲，那樣會使我們失去冷靜。

要以一種泰然處之的心態去面對，生活是我們的嚮導，它能把我們從痛苦中引領出來。在沉重的打擊面前，需要有處亂不驚的樂觀心態。冷靜而樂觀，愉快而坦然地在生活的舞臺上，學會面對痛苦微笑，坦然面對不幸。

一八九九年七月廿一日，歐尼斯特．海明威出生在北美五大湖之一的密西根湖南岸，一個叫橡樹園的小鎮。

家裡一共有六個孩子，海明威是第二個。母親很有修養，熱愛音樂。父親是一位傑出的醫生，又是個釣魚和打獵的能手。海明威三歲時，父親給他的生日禮物是一根魚竿；十歲時，父親送給他一支一人高的獵槍。父親的影響使海明威終生充滿了對捕魚和狩獵的熱愛。

十四歲時海明威在父親支持下報名學習拳擊。第一次訓練，他的對手是個職業拳擊家，海明威被打得滿臉鮮血，躺倒在地。

可是第二天，海明威還是裹著紗布來了，並且縱身跳上了拳擊場。二十個月之後，海明威在一次訓練中被擊中頭部，傷了左眼。這隻眼的視力再也沒有恢復。

畢業以後，海明威不願意上大學，渴望赴歐參戰。因為視力的緣故未被批准。他離家來到坎薩斯城，在堪薩斯《星報》做了見習記者。

在這裡他學到了最初的技巧。《星報》對於文字有一一〇條不得違反的規定，「要用短句」，「用活的語言」，「用動詞，刪去形容詞」，「能用一個字表達的不用兩個字」，等等。海明威專心致志，很快掌握了寫作的技巧，並形成了自己的文字風格。

一九一八年五月，海明威如願以償，加入了美國紅十字戰地服務隊，來到第一次世界大戰的義大利戰場。

七月初的一天夜裡，海明威的頭部、胸部、上肢、下肢都被炸成重傷，人們把他送進野戰醫院。海明威的一個膝蓋被打碎了，身上中的炮彈片和機槍彈頭多達兩百三十餘塊。他一共做了十三次手術，換上了一塊白金做的膝蓋骨。但仍有些彈片沒有取出來，到死都留在體內。

他在醫院裡躺了三個多月，接受了義大利政府頒發的十字軍功勳章和勇敢勳章，這時他剛滿十九歲。

大戰後海明威回到美國，戰爭除了給他的精神和身體帶來痛苦外，沒有任何值得高興的事。舊的希望破滅了，新的又沒有建立，前途渺茫，思想空虛。儘管這樣，海明威依舊勤奮寫作。一九一九年夏秋，他寫了十二個短篇，寄給報社被全部退回。

母親警告他：要麼找一個固定的工作，要麼搬出去。海明威從家裡搬了出去，因為什麼也改變不了他獻身於文學事業的決心。他只想做第一流的、最出色的作家。

一九二〇年的整個冬天，他獨自坐在打字機前，一天到晚寫作。有一次參加朋友們的聚會，海明威結識了一位叫哈德莉的紅髮女郎。她比海明威大八歲，成了海明威的第一個妻子。這時海明威廿二歲。

一九二二年冬天，他赴洛桑參加和平會議時，哈德莉在火車站把他的手提箱丟失了。手提箱裡裝著他的全部手稿，一個長篇、十八個短篇和三十首詩。這使海明威痛苦萬分又毫無辦法，只能重新開始。

一九二三年，海明威的第一部著作《三個短篇和十首詩》在法國的一個非正式出版社出版。總共只印了三百冊，在社會上毫無影響。

作為記者，海明威很受歡迎。但他嘔心瀝血寫成的小說，卻沒有報刊肯用。尤其令他傷心的是，退稿信上總是稱他的作品為「速寫錄」「短文」，甚至說是「軼事」，根本就不把他的稿件看成是文學創作。一九二四年，海明威辭去記者工作，專門從事文學創作。他沒有固定的收入，又要養活剛出生的兒子，生活艱難可想而知。

一九二五年是海明威最為窮困潦倒的一年。妻子已經帶著兒子離開了他。他除了通宵達旦地寫作，只能把看鬥牛當作娛樂。

第二年，海明威與波林結婚後不久，他的第一部長篇小說

《太陽照常升起》問世，立即博得了一片喝彩聲，被翻譯成多種文字，成了二十年代那一代人的典範之作。

這部小說用美國女作家斯泰因的一句話「你們都是迷惘的一代」作為題詞，從而產生了一個文學流派——「迷惘的一代」，而海明威就成了這個流派的代表。

在沉重的打擊面前需要有處事不驚的樂觀心態，只有這樣才能戰勝沮喪，使坎坷崎嶇化爲康莊大道。有的人可能一時丟掉了原本屬於自己的東西，或是錯過了一次機會，但是，在精神上絕不能失望。冷靜而達觀，愉快而坦然，是成功的催化劑，是另闢蹊徑、迎接勝利的法寶。

摒棄世俗的偏見，豁達、瀟脫，無憂無慮地承受人生百味，爭取做到富不狂、貧不悲、寵不榮、辱不驚，真正擁有一顆健康、平和的心態，痛痛快快地享受人世間的陽光和溫馨。

這個世界上有太多的誘惑，也就有太多的欲望。一個人需要以清醒的心態和從容的步伐走過歲月，他的精神中必定不能缺少淡泊。淡泊是一種境界，更是人生的一種追求。雖然我們每個人都渴望成功，但我們更需要的是一種平平淡淡的生活，一份實實在在的成功。

得意也罷，失意也罷，要坦然地面對生活的苦與樂。假如生活給我們的只是一次又一次的挫折，也沒什麼，因爲那只是命運剝奪了我們活得更高貴的權利，但並沒有奪走我們活得快樂和自由的權利。

生活裡沒有旁觀者，每個人都有一個屬於自己的位置，每個人也都能找到一種屬於自己的精彩。因此請坦然地接受一切，包括快樂和不快樂的事情，幸福和不幸福的事情，因爲這樣會讓我們活得更加精彩！

4 別在過去的失敗裡駐足

「不以得爲喜，不以失爲憂。」我們都希望自己所做的每一件事不出差錯，達到自己的預期目的。可是人非聖賢，孰能無過，我們不可能保證每一件事都是萬無一失的。

做了錯事難免會悔恨，但是，如果我們總活在悔恨裡，將自己困在慚愧和自責裡，那我們的生活便會停滯不前。一味地悔恨帶給我們的只能是消極的心態，我們的生活也會因此而變得索然無味。

有時候我們並不能預知失敗的到來，但是我們也不該在它來臨時坐以待斃。要想重新站起來，我們只能選擇堅強。有句話說得好：「我不能左右天氣，但我可以改變心情；我不能決定生命的長度，但是我可以控制生命的寬度；我不能改變過去，但我可以利用今天。」

這句話所展現的就是一種積極樂觀的心態。確實如此，外界的事情左右不了我們，重要的是當下的心態。面對那些不堪的過往，一個聰明人不會徘徊在過去的錯誤裡，他會珍惜眼前，展望未來，重新獲得那失去的快樂與成功。

貝多芬出生於貧寒的家庭，父親是歌劇演員，性格粗魯，愛酗酒，母親是個女僕。貝多芬本人相貌醜陋，童年和少年時代生活困苦，還經常受到父親的打罵。他十一歲就加入戲院樂隊，十三歲當大風琴手。十七歲那年，他的母親逝世了，他要獨自一人承擔著教育兩個兄弟的責任。

一七九三年十一月貝多芬離開了故鄉波恩，前往音樂之都維也納。不久，痛苦叩響了他的生命之門。從一七九六年開始，貝多芬的耳朵日夜作響，聽覺日益衰退。起初，他獨自一人守著這可怕的秘密。一八〇一年，貝多芬愛上了朱列塔．圭恰迪爾，他把《月光奏鳴曲》獻給她。但是幼稚自私而且愛慕虛榮的朱列塔太不理解他崇高的靈魂，並於一八〇三年與他人結婚。這是令貝多芬絕望的時刻，他甚至曾寫下了遺書，想要結束自己的生命。肉體與精神的雙重折磨，都反映在他這一時期《幻想奏鳴曲》《克勒策奏鳴曲》等作品中。當時席捲歐洲的革命波及了維也納，貝多芬的情緒開始高漲，他於這時創作了《英雄交響曲》《熱情奏鳴曲》等作品。

一八〇六年五月貝多芬與布倫瑞克小姐訂婚，愛情的美好產生了一系列偉大的作品。不幸的是，愛情又一次把他遺棄了，未婚妻和別人結婚了。不過這時貝多芬正處於創作的極盛時期，對一切都無所顧慮。他受到了世人矚目，與光榮接踵而來的是最悲慘的時期：經濟困窘，親朋好友一個個死亡離散，耳朵也已全聾，和人們的交流只能在紙上進行。

但是，苦難並沒有讓貝多芬屈服，反而讓他變得更加頑強，正是在這種最艱難的處境下，他奏響了命運的最強音，創作了代表了他音樂生涯巔峰的《命運》《合唱》等作品，為當時的世界和後人展現了一個永不向命運屈服的靈魂。

有句話說得很好：「無論你多麼悲傷，牛奶也不可能再回到瓶子裡，所以不要因爲打翻的牛奶而哭泣。」生活也是如此，過去的歲月不可能重複，過去的事情不可能更改，我們只有選擇好好地活在當下。

生活在當今快節奏的社會，時間正在以令人難以置信的速度飛快地溜走，所以我們沒有太多時間緬懷過去，今天才是最值得我們珍視的。過去那些失敗的陰影，就讓它如風一般消散吧！

5 恥辱也能成為前進的另類動力

當我們受到他人的無故譏諷甚至侮辱時，要冷靜地面對與處理，平和自己的心態，不能爲了暫時的挫折而鑽牛角尖；要把別人的侮辱當作你奮發圖強的動力，激勵自己去戰勝困難，取得成就。

榮譽可以成爲一個人進步的動力，在一定條件下，恥辱也能達到榮譽的這種功效。

阿蘭・米穆是法國當代著名長跑運動員、法國一萬公尺長跑紀錄創造者，曾先後獲得第十四屆倫敦奧運會一萬公尺亞軍、第十五屆赫爾辛基奧運會五千公尺亞軍、第十六屆墨爾本奧運會馬拉松賽冠軍，後來在法國國家體育學院執教。

米穆出生在一個相當貧窮的家庭。從孩提時起，他就非常喜歡運動。可是，家裡很窮，他甚至連飯都吃不飽。例如，米穆喜歡踢足球，卻因為沒有鞋穿只能光著腳踢。母親好不容易替他買了雙草底帆布鞋，為的是讓他穿著去學校念書的。如果米穆的父親看見他穿著這雙鞋子踢足球，就會狠狠地揍他一頓，因為父親不想讓他把鞋子穿破。

十二歲時，米穆已經有了小學畢業文憑，而且評語很好。母親對他說：「你終於有文憑了，這太好了！」媽媽去為他申請助學金。但是，卻遭到了拒絕。

沒有錢念書，於是米穆就當起了咖啡館裡跑堂的服務生。他每天都要工作到深夜，但仍然堅持長跑。為了能進行鍛煉，他每天早上五點鐘就得起來，累得腳跟發炎膿腫。儘管如此，他還是咬緊牙關報名參加了法國田徑冠軍賽。他先是參加了一萬公尺冠軍賽，可是只得了第三名。第二天，他決定再參加五千公尺比賽。幸運的是，他得了第二名。米穆因此得到了參加倫敦奧林匹克運動會的機會。

對米穆來說，這簡直是不可思議的事情！他當時甚至還不知道什麼是奧林匹克運動會，也從來想像不到奧運會是如此宏偉壯觀。

但有些事情讓米穆感到不快：他並沒有被人認為是一名法國選手，沒有一個人看得起他。比賽前幾個小時，米穆想請人替自己按摩一下，於是他敲開了法國隊按摩醫生的房門。

按摩醫生卻對他說：「有什麼事嗎，我的小夥計？」

米穆說：「先生，我要跑一萬公尺，您是否可以助我一臂之力？」

醫生一邊繼續為一個躺在床上的運動員按摩，一邊對他說：

「請原諒，我的小夥計，我是被派來為冠軍們服務的。」

米穆知道，醫生拒絕替自己按摩，無非因為自己不過是咖啡館裡的一名小跑堂罷了。

那天下午，米穆參加了具有歷史意義的一萬公尺決賽。他當時僅僅希望能取得一個好名次，因為倫敦當天的天氣異常乾熱，很像暴風雨的前夕。比賽開始了，同伴們一個又一個地落在他的後面。米穆成了第四名，隨後是第三名。很快，他發現只有捷克著名的長跑運動員札托倍克一個人跑在他前面進行衝刺。最後米穆得了第二名，為法國奪得了第一枚奧運會銀牌。

然而，最讓米穆感到難受的，還是當時法國的體育報刊和新聞記者。他們在第二天早上便邊打聽邊嚷嚷：「那個跑了第二名的傢伙是誰呀？啊，一定是個北非人。天氣熱，他就是因為天熱才得到第二名的！」

不過，讓米穆感到欣慰的是在倫敦奧運會四年以後，他又被選中代表法國去赫爾辛基參加第十五屆奧運會。在那裡，他打破了一萬公尺法國紀錄，並在被稱之為「二十世紀五千公尺決賽」的比賽中，再一次為法國贏得了一枚銀牌。

隨後，在墨爾本奧運會上，米穆參加了馬拉松比賽。他以一分四十秒跑完了最後四百公尺，終於成了奧運會冠軍！

他不用再去咖啡館當跑堂了。可是，米穆卻說：「我喜歡咖啡，喜歡那種醇香，也喜歡那種苦澀……」

所以，受一時之辱並不可怕，關鍵是看你如何看待恥辱。一個人蒙受恥辱，往往會有兩種態度：一是不以為恥，更不願意從自己身上去尋找蒙受恥辱的原因，這種人只能是永遠蒙受恥辱，永遠不會前進；另一種是產生羞愧之心，於是從自己身上去尋找蒙受恥辱的原因，並由羞愧而產生一股巨大的向上的力量，去戰勝和洗刷恥辱，從而獲得成功。

6 困難像彈簧，你弱它就強

「困難像彈簧，你弱它就強。」這句俗語很多人都知道，但往往在碰到困難的時候便會忘記了一切。

攻克難關的道路並不平坦，如果你動搖了，退縮了，那將一事無成，機會將永遠也不會到來。如果你不屈不撓，勇往直前，想方設法，戰勝困難，你就可能成爲強者。認定目標，堅持到底，成功就在眼前。因爲困難的程度來源於你的內心，而並非困難本身。

畢竟，又沒有到世界末日，何必要讓自己墜入痛苦的深淵？無須驚慌，不必痛苦，不要煩惱，學會樂觀地吞咽悲傷，坦然面對一切。打擊也許是件幸運事，它可以激發你更大的潛能，促使你取得人生更輝煌的成就。下面這個故事就告訴我們這樣一個道理。

世界電影巨星史泰龍，他的父親是一個賭徒，母親是一個酒鬼。父親賭輸了，又打母親又打他；母親喝醉了也拿他出氣。他在拳腳交加的家庭暴力中長大，常常是鼻青臉腫，皮開肉綻。因此，他面相很不美，學習也不好。高中輟學後，便在街頭當混混兒。直到二十歲的時候，一件偶然的事刺激了他，使他醒悟：「不能，不能這樣做。如果這樣下去，豈不是和自己的父母一樣嗎？成為社會垃圾，人類的渣滓，帶給別人、留給自己的都是痛苦——不行，我一定要成功！」

他下定決心，要走一條與父母迥然不同的路，活出個人樣來。但是做什麼呢？他長時間思索著。從政，可能性幾乎為零；進大企業去發展，學歷和文憑是目前不可逾越的高山；經商，又沒有本錢……他想到了當演員——當演員不需要文憑，更不需要本錢，一旦成功，卻可以名利雙收。但是他顯然不具備演員的條件，長相就很難使人有信心，又沒接受過任何專業訓練。然而，他認為當演員是他今生今世唯一出頭的機會，決不放棄，一定要成功！

於是，他來到好萊塢。找明星、找導演、找製片……找一切可能使他成為演員的人，處處哀求：「給我一次機會吧，我要當演員，我一定能成功！」

很顯然，他一次又一次被拒絕了。但他並不氣餒，他知道，失敗定有原因。每被拒絕一次，他就認真反省、檢討、學習一次。一定要成功，癡心不改，又去找人……不幸得很，兩年一晃過去了，錢花光了，他只能在好萊塢打工，做些粗重的零活。

他暗自垂淚，甚至痛哭失聲。難道真的沒有希望了嗎？難道賭徒、酒鬼的兒子就只能做賭徒、酒鬼嗎？不行，我一定要成功！他想，既然不能直接成功，能否換一個方法。他想出了一個「迂迴前進」的思路：先寫劇本，待劇本被導演看中後，再要求當演員。幸好現在的他已經不是剛來時的門外漢了。兩年多的耳濡目染，每一次拒絕都是一次口傳心授、一次學習、一次進步。因此，他已經具備了寫電影劇本的基礎知識。

一年後，劇本寫出來了。他又拿去遍訪各位導演——「這個劇本怎麼樣，讓我當男主角吧！」回應普遍都是劇本還可以，但讓他當男主角，簡直是天大的玩笑。他再一次被拒絕了。

他不斷對自己說：「我一定要成功！也許下一次就行，再下一次、再再下一次……」在他一共遭到一千三百多次拒絕後的一天，一個曾拒絕過他二十多次的導演對他說：

「我不知道你能否演好，但我被你的精神所感動。我可以給你一次機會，但我要把你的劇本改成電視連續劇，同時，先只拍一集，就讓你當男主角，看看效果再說。如果效果不好，你便從此斷絕這個念頭吧！」

為了這一刻，他已經做了三年多的準備，終於可以一試身手了。機會來之不易，他不敢有絲毫懈怠，全身心地投入。第一集電視劇創下了當時全美最高收視紀錄——他成功了！

在前進的途中，不可能什麼事情都是一帆風順的，總會遇到各種各樣的困難、挫折，有來自自身的，也有來自外界的。只要擁有積極的心態，即使遇到困難，也可以獲得幫助，事事順心。所以，愛默生說過：「偉大高貴人物最明顯的標誌，就是他有堅定的意志。不管環境變化到何種地步，他的初衷與希望仍然不會有絲毫的改變，從而最終克服障礙，達到所希望的目標。」

7 堅持，是伴隨你一生的東西

每個人都渴望成功，但不會每個人都成功。因爲成功總是披著神秘的外衣，站在遙不可及的遠方，可遠觀而不可靠近。其實，成功距離我們每個人都不遙遠，關鍵在於你是否一直朝著它前進。

堅持就是勝利。歷史上的那些偉大人物，無一例外都具有堅持到底的堅強毅力。

一八六四年九月三日這天，寂靜的斯德哥爾摩市郊，突然爆發出一聲震耳欲聾的巨響，滾滾的濃煙霎時沖上天空，一股股火焰直往上竄。

僅僅幾分鐘時間，一場慘禍發生了。當驚恐的人們趕到現場時，只見原來屹立在這裡的一座工廠只剩下殘垣斷壁，火場旁邊，站著一位三十多歲的年輕人，突如其來的慘禍使他面無人色，渾身不住地顫抖著。

這個大難不死的青年，就是後來聞名於世的弗萊德·諾貝爾。諾貝爾眼睜睜地看著自己所創建的硝化甘油炸藥實驗工廠化為了灰燼。人們從瓦礫中找出了五具屍體，四個是他的親密助手，而另一個是他在大學讀書的小弟弟，現場慘不忍睹。

諾貝爾的母親得知小兒子慘死的噩耗，悲痛欲絕；年邁的父親因大受刺激而引起腦溢血，從此半身癱瘓。然而，諾貝爾在失敗面前卻沒有選擇放棄。

事情發生後，警察局立即封鎖了爆炸現場，並嚴禁諾貝爾重建自己的工廠。人們像躲避瘟神一樣地避開他，再也沒有人願意出租土地讓他進行如此危險的實驗。但是，困境並沒有使諾貝爾退縮。幾天以後，人們發現在遠離市區的馬拉侖湖上，出現了一艘巨大的平底駁船，駁船上並沒有裝什麼貨物，而是裝滿了各種設備，一個年輕人正全神貫注地進行實驗。他就是在爆炸中死裡逃生，被當地居民趕走了的諾貝爾！

無畏的勇氣往往令死神也望而卻步。在令人心驚膽戰的駁船裡，諾貝爾依然持之以恆地實驗，他從沒放棄過自己的夢想。

皇天不負有心人，他終於發明了雷管。雷管的發明是爆炸學上的一項重大突破，隨著當時許多歐洲國家工業化的加快，開礦山、修鐵路、鑿隧道、挖運河等需要雷管。於是，人們又開始親近諾貝爾了。

他把實驗室從船上搬遷到斯德哥爾摩附近的溫爾維特，正式建立了第一座硝化甘油工廠。接著，他又在德國的漢堡等地建立了炸藥公司。一時間，諾貝爾的炸藥成了搶手貨，諾貝爾的財富與日俱增。

然而，初試成功的諾貝爾，好像總是與災難相伴。不幸的消息接連不斷地傳來。三藩市運載炸藥的火車因震盪發生爆炸，火車被炸得七零八落；德國一家著名工廠因搬運硝化甘油時發生碰撞而爆炸，整個工廠和附近的民房變成了一片廢墟；在巴拿馬，一艘滿載硝化甘油的輪船，在大西洋的航行途中，因顛簸引起爆炸，整個輪船葬身大海……

一連串駭人聽聞的消息，再次使人們對諾貝爾望而生畏，甚至把他當成瘟神和災星。隨著消息的廣泛傳播，他被全世界的人所詛咒。

面對接踵而至的災難和困境，諾貝爾沒有一蹶不振，他身上所具有的毅力和恒心，使他對已選定的目標義無反顧、永不退縮。在奮鬥的路上，他已經習慣了與困難朝夕相伴。

無畏的勇氣和矢志不渝的恒心最終激發了他心中的潛能，他最終征服了炸藥，嚇退了死神。諾貝爾贏得了巨大的成功，他一生共獲專利發明權三百五十五項。他用自己的巨額財富創立的諾貝爾獎，被國際學術界視為一種崇高的榮譽。

沒有勇敢的嘗試，就無從得知事物的深刻內涵，只要勇敢去做了，即使失敗，也由於親身經歷了實際的痛苦，而獲得了寶貴的體驗，從而在命運的掙扎中，愈發堅強，愈發有力，愈接近成功。

記住，命運掌握在自己的手中，只要你擁有健康的身體、積極的思想，你就是無比富有的人，這些就是成功的最大資本，而堅持不懈則是走向成功的保證。

因此，讓我們記住這一句話：「**其實，成功距離我們並不遙遠，只要你確定了自己的方向，一直走下去就會達到成功的彼岸。**」

你總是太容易放過自己

作者：馬一帥
發行人：陳曉林
出版所：風雲時代出版股份有限公司
地址：10576台北市民生東路五段178號7樓之3
電話：(02) 2756-0949
傳真：(02) 2765-3799
執行主編：劉宇青
美術設計：吳宗潔
行銷企劃：林安莉
業務總監：張瑋鳳

初版日期：2019年9月
版權授權：馬峰
ISBN：978-986-352-729-9

風雲書網：http://www.eastbooks.com.tw
官方部落格：http://eastbooks.pixnet.net/blog
Facebook：http://www.facebook.com/h7560949
E-mail：h7560949@ms15.hinet.net
劃撥帳號：12043291
戶名：風雲時代出版股份有限公司

風雲發行所：33373桃園市龜山區公西村2鄰復興街304巷96號
電話：(03) 318-1378
傳真：(03) 318-1378
法律顧問：永然法律事務所 李永然律師
北辰著作權事務所 蕭雄淋律師

行政院新聞局局版台業字第3595號 營利事業統一編號22759935

定價 ：280元

國家圖書館出版品預行編目資料

你總是太容易放過自己 / 馬一帥著. -- 臺北市：風雲時代, 2019.08 面； 公分

ISBN 978-986-352-729-9 (平裝)
1.自我實現 2.成功法

177.2 108010561